Gunter Schmidt · Das Verschwinden der Sexualmoral

Gunter Schmidt

Das Verschwinden der Sexualmoral

Über sexuelle Verhältnisse

KLEIN

© 1996 by Ingrid Klein Verlag GmbH, Hamburg
Titelillustration: Franco Fontana, Fragmente, 1982
Umschlag: Peter Albers
Gesamtherstellung: Clausen & Bosse, Leck
ISBN: 3-89521-033-1
3   5   7   9   10   8   6   4   2

Satz aus der Bembo (Linotronic 500)
Papier: Fortuna Werkdruckpapier »Pegasus«,
chlorfrei, säurefrei
Steinbeis Temming Papier GmbH & Co., Glückstadt

Inhalt

1

Das Verschwinden der Sexualmoral

In seinem Roman »Die unerträgliche Leichtigkeit des Seins« beschreibt Milan Kundera, wie Tomas und Sabina, Geliebter und Geliebte, in der Wohnung herumalbern, Sabina ist halbnackt, Tomas bekleidet. Tomas setzt ihr dabei wie zum Spaß einen alten Hut, eine Melone auf; sie betrachten das Ergebnis im Spiegel, und beide werden – ganz unerwartet – sehr erregt. *Ist es nur ein Schritt vom Lächerlichen zum Erregenden*, fragt sich Sabina später, als sie die Situation reflektiert, und gibt dann diese Analyse: *Als sie (Sabina) damals in den Spiegel schaute, sah sie zunächst nur eine komische Situation. Aber dann wurde die Komik von der Erregung verdrängt, die Melone war kein Scherz mehr, sie war Gewalt; Gewalt an Sabina, an ihrer Würde als Frau. Sie sah sich mit ihren nackten Beinen und dem dünnen Slip, durch den das Dreieck ihrer Scham schimmerte. Die Wäsche unterstrich den Charme ihrer Weiblichkeit, der steife Männerhut verneinte, vergewaltigte die Weiblichkeit, machte sie lächerlich. Tomas stand angekleidet neben ihr, was bewirkte, daß der Anblick, den sie beide im Spiegel boten, kein Spaß mehr war, sondern Erniedrigung. Statt sich gegen diese Erniedrigung zu wehren, spielte sie mit, stolz und provozierend, als ließe sie sich freiwillig und öffentlich Gewalt antun.*[1]

Macht und Ohnmacht sind plötzlich im Raum, aber auch Stolz und Provokation bei Sabina; phallokratische Anmaßung von Tomas und ihr heimlicher subversiver Triumph über diese Anmaßung, die durch ihren Stolz und ihre Lust zur Illusion wird. Aggression, Macht, Kampf, Übergriff, Risiko und Triumph über Gefahr sind die Ingredienzien dieser erotischen Szene und nach den Theorien von Georges Bataille zu Robert Stoller, von Susan Sontag zu Jessica Benjamin für Erotik, leidenschaftlich erlebte Sexualität überhaupt. Aber: Diese Theorien wie die Szene Kunderas und andere erotische Szenen der Weltliteratur sind auf dem Wege, anstößig zu werden. Warum?

Den Hintergrund dieser Entwicklung hat der englische Soziologe Jeffrey Weeks lapidar beschrieben: Zum liberalen Diskurs der sechziger und siebziger, der den Wegfall vieler Sexualverbote besiegelte, ist in den achtziger Jahren ein »Equal rights«-Diskurs, ein Selbstbestimmungsdiskurs, *hinzugetreten* (dieses Verb ist wichtig, wie noch zu zeigen sein wird).[2] Dieser Diskurs bringt einen neuen Sexualkodex hervor, einen Kodex, der nicht alte Verbote neu installieren will, sondern der den sexuellen Umgang friedlicher, kommunikativer, berechenbarer, rationaler verhandelbar, herrschaftsfreier machen oder regeln will. Hatten vor dreißig Jahren die Studenten bzw. die Studentenbewegung das Gespür für die gesellschaftlich möglichen, fälligen, ja notwendigen Umbrüche der Sexualverhältnisse (sie waren die Hauptakteure des liberalen Diskurses), so sind es heute (im Selbstbestimmungsdiskurs) die Frauen und die Frauenbewegung.

Denn: Zum Tanzen gebracht werden die Verhältnisse diesmal durch die feministische Debatte über sexuelle Gewalt in all ihren Gestalten, Verkleidungen und Verdünnungen. Vergewaltigung, Pornographie, sexuelle Belästigung, Sexismus im Alltag und in den Medien, Inzest, sexueller Mißbrauch usw. usf. – Gewalt, Zwang, Machtausübung durch Sexualität werden öffentlich gemacht wie nie zuvor. Auch wenn Männer sich in dieser Diskussion oft taub und tot stellen – sie werden von ihr erreicht, sie können ihr nicht entkommen, denn Frauen setzen die Themen immer wieder auf die Tagesordnung, und sie haben heute die Macht, das zu tun.

Reale Mißstände, Skandale, die lange totgeschwiegen, heruntergespielt, »übersehen« wurden, werden benannt, ihre Verleugnung und Verharmlosung entlarvt, für ihre Verfolgung und Abschaffung gekämpft. Das ist eine, die *manifeste* Seite des sexualpolitischen Ereignisses »Gewaltdiskussion«. Auf diese oft untersuchte Seite werde ich hier nicht eingehen, sondern mich mit einer anderen, *latenten*, nicht gleich erkennbaren Seite der Gewaltdebatte befassen: ihren Auswirkungen auf die alltäglichen sexuellen Umgangsformen, auf den neuen Sexualkodex.

Es wird ständig über Sex gesprochen; aber vor allem im Kontext von Gewalt, Ausbeutung und Entwürdigung, also im Kontext von Angst, Empörung, von Schuld und Beschämung. Schon eine einfache zählende Analyse des Sprechens über Sexualität ergäbe dramatisch veränderte Konnotationen und Assoziationen in den letzten Jahren. Untersuchte man das verbale Umfeld, in dem die Wörter »Sexualität« oder »sexuell« auftauchen, so stieße man heute sehr viel häufiger als früher auf negative, Gewalt und Gefahr bezeichnende Begriffe.

Dieser Diskurs hat dabei inzwischen alle Bereiche der Sexualität, Erotik, aber auch der Sinnlichkeit erreicht, nicht nur den zwischen Männern und Frauen, also die Heterosexualität, sondern auch den zwischen Eltern und Kindern (Inzest), Alten und Jungen (sexueller Mißbrauch, Pädophilie), Frauen und Frauen[3] und Kindern und Kindern – mit der neuen, nicht übersetzungsfähigen Figur des »child perpetrator of sexual abuse«;[4] solche »Sexualtäter« können auch Mädchen sein: Zehnjährige, die ihre Klassenkameraden obszön anquatschen, nach den Geschlechtsorganen von Jungen grabschen, demonstrativ ihren Rock heben, sind nach der Auffassung ernsthafter klinischer Psychologen nicht mehr länger freche, garstige, dreiste – oder auch selbstbewußte – Mädchen, sondern sie werden in den Rang der klinischen Kategorie »child perpetrator« erhoben. Kurz: Sexuelle Gefahr, überall, wird beschworen, Gefährdetsein (vorrangig für Frauen) und Gefährlichsein (vorrangig für Männer).

Dabei gerät der Gewaltbegriff gelegentlich aus den Fugen. In einer Plakataktion der Frauenbeauftragten der Universität Augsburg hieß es kürzlich: »Zur sexuellen Gewalt gehören: taxierende Blicke; Bemerkungen über Figur und Aussehen; Pfiffe; aufdringliche Fragen nach dem Privatleben; pornographische Bilder am Arbeitsplatz; Versprechen beruflicher Vorteile bei sexuellem Entgegenkommen; Antatschen.« Früher waren die genannten Handlungen auch Vergehen, sie waren anstößig, taktlos, vulgär, erpresserisch, verwerflich, unziemlich. Die Entdifferenzierung dieser Akte unter dem Begriff »Gewalt« zielt nicht nur auf die Abschaffung plumper, lästiger, ausbeuterischer oder auch gewalttätiger Anmache; sie zielt auf die Säuberung der Umwelt von (unerwünschter) sexueller Aufmerksamkeit, das heißt sexuellen Wünschen, Erregungen, Phantasien – und das ist ein militantes Ziel.

Doch: Auch wenn sie oft klotzig daherkommt, sensibilisiert und sensiviert die Gewaltdebatte als zentraler Teil des »Equal rights«-Diskurses für Herrschaft und Aggression im Sexuellen, für Unterdrückung und Verletzung in sexuellen Verhältnissen, für die Unterschiedlichkeit und Besonderheit von Männern und Frauen. So verstärken Frauen und viele Männer Wachsamkeit und Vorsicht, Kontrolle und Selbstkontrolle, und es entstehen neue Rituale und Etiketten für adäquate sexuelle Interaktion zur Bewältigung der neuen Verunsicherung – auch bei denjenigen Männern und Frauen, die nicht mitten in der Gewaltdebatte stecken.

In einem kleinen, als liberal geltenden College am Ohio, in Antioch, USA, wurde die neue sexuelle Ordnung idealtypisch entwickelt. Dort beschloß die Vollversammlung der Studenten und Studentinnen für *beide* Geschlechter und *alle* sexuellen Orientierungen einen Katalog sexueller Korrektheit, Regeln fürs Flirten, Küssen, Streicheln, Schmusen und Beischlafen. Das Prinzip ist einfach: Explizite Fragen und explizite verbale Zustimmung für jede neue Ebene des sexuellen Kontaktes, also eine klare Frage und ein klares »Ja« zum Kuß, zur Körperberührung, bei jeder erogenen Zone, zu jeder Form der Stimulation sind Voraussetzungen gemeinsamer Sexualität. So wie der oder die Verführende verpflichtet ist zu fragen, so ist der oder die zärtlich oder sexuell Adressierte komplementär dafür verantwortlich, seine oder ihre Bereitschaft oder das Fehlen dieser Bereitschaft verbal oder körperlich, in jedem Fall aber deutlich auszudrücken. Die Universitätsverwaltung mußte das Reglement in ihrer Verfassung aufnehmen und ihren Sanktionskatalog für die Relegation von Studierenden der neuen Moral anpassen. Es gab wohl kaum eine studentische Resolution, die in der allgemeinen Öffentlichkeit so leidenschaftlich diskutiert, befürwortet und attackiert wurde wie dieser Versuch festzulegen, was denn »sexuell korrekt« eigentlich ist.[5]

Die Geschichte aus Antioch ist bizarr; aber sie beleuchtet grell und wahrhaftig eine allgemeine und verblüffende gesellschaftliche Tendenz: Die *Abschaffung der Sexualmoral* und ihre Ersetzung durch eine Interaktions- oder Verhandlungsmoral der Partner. Der ausdrückliche verbale Konsens, die Forderung nach ratifiziertem Sexualverhalten ist zentrale Kategorie der Interaktionsmoral, die Volkmar Sigusch deshalb auch »Konsensmoral« genannt hat.[6] Da sie nicht sexuelle Handlungen oder Praktiken bewertet, sondern die Art und Weise ihres *Zustandekommens*, hat die Interaktionsmoral durchaus liberale Züge. Die Studenten von Antioch sind nicht prüde. Ob hetero-, homo- oder bisexuell, ehelich oder außerehelich, genital, anal oder oral, zart oder ruppig, bieder oder raffiniert, sadistisch oder masochistisch – all das ist moralisch ohne Belang. Von Belang ist, daß es *ausgehandelt* wird.

Die Konsequenz ist ebenso radikal wie bemerkenswert: Die »normale« Sexualität, Heterosexualität, wird zu einem von vielen Lebensstilen, zu einer von vielen möglichen Arten, sexuell zu sein. Die sexuellen Perversionen verschwinden und etablieren sich als eben solche Lebensstile, medial schonungslos präsentiert und bekannt gemacht, allseits stolz geoutet. Talkshows und Features im Fernsehen liefern uns täglich sexuelle und geschlechtliche Exoten und Besonderheiten ins Haus – mal einen Zwitter, mal einen Transvestiten, mal einen Stricher; mal eine postpartal Frigide, mal einen Gerontophilen, mal einen Freier und gelegentlich sogar einen Sexualforscher – und enthüllen, daß man von Sexualität nur in ihrem Plural sprechen kann. Und sie demonstrieren, daß man über Sexualität offen reden *muß*:

Die Sadomasochisten aus Bottrop, die sich in der ARD anders als die aus Hamburg nur verdeckt und verfremdet filmen lassen, handeln sich für diese kleinstädtische Weigerung, die »Tyrannei der Intimität« auszuüben, den nachsichtigen Tadel des Reporters ein. Das mediale Interesse am Sadomasochismus liegt wohl daran, daß sich hier die Macht und Universalität der Interaktionsmoral erweisen kann; denn alle Akteure versichern in Großaufnahme oder gefilmt beim Verrichten ihrer Sexualität, daß es um maßvolle, *vereinbarte* Torturen geht. Mit dem Horror und den Visionen des Marquis de Sade hat das nichts mehr zu tun. »In einer Zeit«, so Jeffrey Weeks, »in der Madonna eine abgewetzte sadomasochistische Ikonographie über Massenverlage millionenfach recycelt, fällt es schwer zu glauben, daß irgendein individueller Akt aus sich heraus schockieren wird. «[7]

Die Interaktionsmoral hat also die sexuellen Abweichungen längst erreicht. Nur noch sexuelle Besonderheiten, die die Interaktionsmoral inhärent verfehlen, zum Beispiel die Pädophilie wegen des Machtungleichgewichts der Partner, bleiben als Perversion erhalten und werden heute unnachsichtiger ausgespäht und verfolgt als früher. Und es hilft den Pädophilen wenig, wenn Rüdiger Lautmann auch vielen von ihnen in seiner empirischen Untersuchung eine »sorgfältig entwickelte Konsensstrategie« bescheinigt und bei diesen Pädophilen vorsichtig »von sexuellen Verträgen (!) zwischen den Generationen« spricht, also von einer Verhandlungsmoral.[8]

Die Verhandlungsmoral bewirkt einen starken Rationalisierungsschub der Sexualität – und gründet sich auf einen beinahe rührenden Glauben an ihre Rationalisierbarkeit. Sie reduziert sexuelle Verständigung auf Verbales, auf die Sprache des Tages, wie der ungarische Schriftsteller Péter Nádas sagt; der Blick, die Geste, die Einfühlung, die auch oft genug nicht existent ist, Nádas' geheime, magische Sprache der Nacht sind suspekt.[9] Unberechenbarkeit und Risiken sollen ausgeschaltet werden, Vorhersagbarkeit und Überschaubarkeit gewährleistet sein. Das hat viele Vorteile, unbestreitbar, wenn man an das Aggressionspotential der Sexualität denkt; aber es ersetzt auch die Utopie von Leidenschaft, die heftig und immer waghalsig ist – waghalsig zumindest nach innen, das heißt gegen die eigenen Ängste –, durch die absurde Floskel »Sexualität ist Kommunikation«.

Der Begriff »Leidenschaft« ist heute so obsolet wie der der »sexuellen Sünde«, zu dem sich nur noch die katholische Kirche in rebellischer Antiquiertheit bekennt. Übrigens mit durchaus paradoxem Effekt: Die Radikalität der päpstlichen Forderungen befreit die Gläubigen von den Ketten religiöser Bevormundung, sie läßt ihnen gar keine andere Wahl, als massenhaft etwas sehr Profanes zu vollziehen: die Individualisierung ihrer Sexualität, die Pluralisierung ihrer Normen. Vom »Begehren« wird in der wissenschaftlichen Literatur zwar noch gesprochen, vor allem vom weiblichen, auf dessen Suche sich viele begeben haben, aber das ist – gemessen an »Begierde«, »Trieb« oder auch nur »Verlangen« – ein zerbrechlicher, esoterischer, anorektisch wirkender Begriff, schon vom Klang her. Von der »Zähmung des Es« hat Alice Echols schon vor zehn Jahren in einer vehementen Kritik radikal feministischer sexualpolitischer Positionen gesprochen.[10]

Den neuen Sexualverhältnissen adäquat ist eine moderne Beziehungsform, die der britische Soziologe Anthony Giddens als »reine Beziehung« beschreibt.[11] Heterosexuelle bewegten sich auf diese Beziehungsform zu, bei homosexuellen Männern und lesbischen Frauen trete sie schon klarer in Erscheinung. Die »reine Beziehung« – das Adjektiv ist beschreibend zu verstehen im Sinne von pur oder unvermischt – wird nicht durch materiale Grundlagen oder Institutionen gestützt, sie wird nur um ihrer selbst willen eingegangen und besteht nur, solange sich beide darin wohl fühlen, solange beide einen emotionalen »Wohlfahrtsgewinn« haben. Dadurch ist ihre Stabilität riskiert, ja, es gehört zu ihrer Reinheit, prinzipiell instabil zu sein. Beide Partner müssen vielfältige Talente entwickeln, um das Wohlfühlen – zumindest eine Zeitlang – zu gewährleisten, vor allem die Fähigkeit des Aushandelns. Die »reine Beziehung« ist nicht notwendig monogam, da auch darüber eine Vereinbarung zu treffen ist.

So weit ist die Beschreibung Giddens' durchaus

präzise; doch dann wird diese Erscheinungsform moderner Beziehung bei ihm unversehens zu einer Idealform. Die »reine Beziehung« ist ein »ethisches Programm zur Neustrukturierung des persönlichen Lebens«, mehr noch, »ein Programm für die Demokratisierung des alltäglichen Lebens« – das Adjektiv »rein« ist unter der Hand normativ als »vollkommen« zu verstehen.[12] So ist Giddens auch ein Beispiel für den wiedererwachten und durchaus zweifelhaften Mut der respektablen Sexualforschung, positiv zu werden – im Sinne des neuen Kodexes, den sie beschreibt und zugleich befördert.[13] Die Erotik in der »reinen Beziehung« wird vom »Triumph des Willens befreit, der von de Sade bis Bataille« – und bis zu Sabina und Tomas – »ihre Besonderheit bestimmte«,[14] und ist als gebändigte Angelegenheit offenbar nur noch Verständnis und Verständigung.

Was machten Sabina und Tomas heute als moderne Interaktionsmoralisten? Schon die Ausgangsszene – er angezogen, sie halbnackt – ist im Zeitalter des streng paritätischen Entkleidens undenkbar. Und: Kaum hätte sie die Melone auf dem Kopf, würde sie sich mißbilligend sexistische Eskapaden verbitten; aber vermutlich hätte Tomas seinen Impuls zum Hutaufsetzen schon selber unterbunden, beschämt über solche wüsten Wünsche. Aus dem Spiel mit Macht und Ohnmacht, Übergriff und Sichwehren, aus der erotischen *Chance* ist ein *Sittlichkeitszwischenfall* geworden; statt Auseinandersetzung, Kampf, Lust herrschen Betretenheit, Zerknirschtheit, Langeweile.

Die Verhandlungsmoral hat Tomas und Sabina längst eingeholt, seine phallokratische Anmaßung ebenso wie ihren heimlichen Triumph über diese Anmaßung. Ihr Spiel ist aus. Wie gesagt, die bisherigen Theorien und Szenen der Erotik sind auf dem Wege, anstößig zu werden. Neue Formen der Erotik haben die Experten noch nicht beschrieben. Hoffen wir, daß sie wieder einmal hinter ihrer Zeit und den Menschen zurück sind. Zweifel sind angebracht: Wie hieß es kürzlich in einer US-Schnulze: »Ich schwör es dir, dein Herz werd ich nicht brechen. « Welch ein korrektes und liebloses Versprechen!

2

Die Entsexualisierung der heterosexuellen Welt

In einem Cartoon des »Playboy« ist folgendes zu sehen: Ein junges Paar liegt an einem einsamen Strand, nackt und in der Sonne; pralle Körper, aber kein körperlicher Kontakt, beide haben ein Funktelefon in der Hand – aber sie *telefonieren* noch nicht einmal miteinander; darunter steht: »Mein Gott, so ein Frühlingstag und dann noch Telefonsex.« Der Inbegriff aller Wonnen ist definiert.

In einer Glosse der »New York Times« auf die zeitgenössische Sexualforschung wird meine fiktive Kollegin Dr. Frieda nach den wichtigsten neuesten und aufregendsten Ergebnissen unseres Fachgebiets gefragt. »Wir wissen heute«, antwortet sie, »daß das wichtigste Geschlechtsorgan des Mannes seine Finger sind; das wichtigste Geschlechtsorgan der Frau ist ihr Mund. Mit seinen Fingern füttert er sie mit Pralinen; mit ihrem Mund sagt sie, wie toll er ist.«[1] Die Entsexualisierung der real existierenden Mann-Frau-Beziehung scheint weit fortgeschritten.

Die vielen, methodisch zum Teil anspruchsvollen Studien über das Sexualverhalten von Männern und Frauen in den westlichen Industriegesellschaften zeigen verblüffend einhellig ein eher *karges* Sexualleben zwischen Männern und Frauen – und zwar von Helsinki bis San Franzisko, von Marseille bis Inverness.[2] Einige Beispiele: 80 % der Befragten hatten im Jahr vor der Befragung keinen oder nur einen Sexualpartner; nur drei bis vier % der Verheirateten hatten im Jahr vor der Befragung außereheliche Beziehungen; die Hälfte aller Befragten hatten seltener als einmal in der Woche Geschlechtsverkehr (wobei die modernen Untersuchungen hierzu auch Analverkehr und Mundverkehr zählen). Natürlich gab es gewisse Variationen zwischen den Altersgruppen, zum Beispiel sind die Zwanzig- bis Fünfundzwanzigjährigen relativ aktiv, aber insgesamt ist die Einschätzung John Gagnons, Mitautor einer US-Studie, zutreffend, weite Teile der heterosexuellen Welt seien »sexuell sehr inaktiv«.[3]

Die Studien machen den *Widerspruch* sichtbar zwischen den bunten und wilden Sexmärchen der Medien, die ausmalen, wie alles zu sein hat, und dem spärlichen sexuellen Alltag der meisten Menschen. Sie stehen durchaus in der aufklärerischen Tradition der Kinsey-Reporte. Damals nur, vor fast fünfzig Jahren, waren Frauen und Männer erleichtert zu sehen, daß andere Menschen sexuell genau das machten, was sie selber sich wünschten, sich aber nicht trauten oder nur schlechten Gewissens taten. Heute dagegen fühlen sich viele entlastet, weil sie nun wissen, daß die anderen *genausowenig* und *genausowenig Exotisches* machen wie sie selbst.

Die Klagen über sexuelle Lustlosigkeit haben bei Patienten, vor allem aber bei Patientinnen, die unsere Ambulanz aufsuchen, stark zugenommen. Dabei ist das Symptom »Lustlosigkeit« vermutlich nur die klinifizierte Spitze eines erotischen Eisberges.[4] Fremde geschlechtstüchtige Männer und Frauen sitzen gemeinsam in der Sauna, und in der Regel müssen nur noch gelegentliche unzüchtige Blicke unter Kontrolle gebracht werden. Am Strand, so fand der französische Soziologe Jean-Claude Kaufmann heraus, »erschöpfen bereits zwei Sekunden die Toleranz« beim Blick auf Barbusige, lediglich der (wie) zufällig schweifende

Panoramablick sei erlaubt – und diese unausgesprochenen Regeln werden von den meisten Männern diszipliniert befolgt.[5]

Oder eine bezeichnende Anekdote: Der alternde Chef einer Fernsehredaktion bittet seine Kolleginnen, in nicht allzu kurzen Röcken zur Arbeit zu kommen, da ihn das verwirre. Ein ehrliches Bekenntnis, das auf eine ebenso ehrliche und entrüstete Ablehnung stößt, man könne sich von den dubiosen Gelüsten der Männer doch nicht die Kleidung diktieren lassen. Das ist mehr als einleuchtend. Aber übersetzt heißt diese kleine Episode doch folgendes: Asexualität hat in der Präsenz allerheftigster Sexualreize stattzufinden, Interaktionsmoral hat sich gerade hier zu bewähren. Wir haben verwirklicht, sagt Martin Dannecker, wovon die Askese träumte. »Wir bewegen uns in einem Meer von Sex ohne die Empfindungen, die einmal als sexuelle Lust bezeichnet wurden, ohne Schaden für unsere Anständigkeit und ohne spürbaren Kampf gegen Anfechtungen.«[6] Den Viktorianer, so sagt man, stieß ein unverhülltes Pianobein in erotische Verwirrtheit; in unserer »mit Nacktheit bekleideten«,[7] verkleideten Welt lassen entblößte Leiber kalt.

Das »Mannequin« wird für Wolfgang Hegener zur prototypischen Figur: »Durch und durch sexualisiert ist nichts mehr an ihm sexuell und geschlechtlich. Es ist voller Anspielungen und bleibt geschlechtslose Schablone.«[8] Sind Techno-Jugendliche, Frauen wie Männer, Inkarnationen dieser Figur? Nach Patrick Walder, Beobachter der Techno-Szene, werde »das Outfit immer schärfer und aufreizender«; alles sei auf Sex angelegt, »aber es gibt keine Einlösung«. Die »inszenierte Erotik und Androgynität der Körper« verweise darauf, »daß sie selbst auf Sex verzichten können«.[9] Beim »chill out«, dem Wiederzusichkommen nach ausuferndem Tanz und putschenden Trips, liegen sie kreuz und quer, »wie Katzen in einem Korb«; »dann spielt es keine Rolle, ob Mann oder Frau, es geht nicht um Sex, sie ertragen nicht, allein zu sein«.[10]

Die Experten geraten ins Grübeln ob solcher Phänomene und brauchen die Fähigkeit zum Zwiespalt. Ist das nur ein Rückfall auf sich selbst, eine autosexuelle-nongenitale Orgie, promiskes und kindisches Kuscheln an anderen Körpern? Oder entwickeln sich hier neue Formen von Erotik, Körperlichkeit, »subtilere Formen des Sexualverhaltens als stupider Genitalsex«, »neuartige Begegnungen zwischen den – nicht mehr eindeutig bestimmten – Geschlechtern«, eine Absage an Opas Sex von Jugendlichen, »die von (diesem) Sex geradezu umzingelt aufwachsen«?[11] Es ist eine fremdartige Szene für den erwachsenen Betrachter, und diese Fremdheit verführt allzuleicht dazu, sie kulturpessimistisch oder mit psychopathologischen Kategorien abzumeiern.

Eine groteske Diskrepanz scheint zu bestehen zwischen innerer Desexualisierung und äußerer Sexualisierung – und doch besteht zwischen beiden ein Zusammenhang. Denn: »Nichts ist ungewisser als der Wunsch hinter den Wucherungen seiner Gestalten«, sagt Jean Baudrillard und fährt fort: »Das Begehren ist überall vorhanden, jedoch in einer verallgemeinerten Simulation. «[12]

Pornographie und die Pornographisierung unseres Lebens sind solche Wucherungen des Wunsches und so gesehen eine der Techniken der Entsexualisierung. Wer das alles konsumiert, was da pornographisch öffentlich oder halböffentlich geboten wird, wird sexuell unerreichbar, unberührbar. Mitte der sechziger Jahre war Paul Gebard, Nachfolger Kinseys, Gastprofessor in Hamburg. Er hatte für das Archiv des Kinsey-Instituts eine Reihe pornographischer Filme in Hamburg erworben – damals auf dem schwarzen Markt, natürlich – und lud Sexualwissenschaftler und Ärzte der Psychiatrischen Universitätsklinik zu einer Vorführung ein. Im kargen Seminarraum wurde es schnell stickig und schwül, obwohl die Streifen aus heutiger Sicht eher bieder und brav waren. Gebard kommentierte souverän, was es zu sehen gab, ganz Taxonom sexueller Verhaltensweisen, der er als Schüler Kinseys war. Kaum war die kurze Bilderschau vorüber, stürmten die Akademiker aufgewühlt und um Fassung ringend aus dem Raum und ließen den Professor aus Amerika allein.

Solche Reaktion zeigten heute nicht einmal mehr Tertianer, Vierzehnjährige. In einem späteren Kapitel werde ich andere Blicke auf die Pornographie werfen, auf ihr Gewaltpotential und ihre Geschlechterbotschaft; aber es gehört zu den Mystifizierungen männlicher Sexualität, glaubte man, eine nennenswerte Anzahl von Männern ließe sich heute von der Pornographie mehr als eine noch gerade maschinell registrierbare Erregung, einen Anflug von Erektion entlocken. Diese Mystifikation ist eine der letzten Anrufungen der längst vergangenen Triebhaftigkeit der Männer.

In dieser Situation ist vielen Theoretikern die Sexualität völlig aus dem Blick gekommen. Anthony Giddens, auch hier Notar der modernen Entwicklung, läßt die Sexualität gleich ganz im Begriff der Intimität auf- oder besser untergehen, Sexualität wird gleichsam zum Partialbetrieb der Intimität.[13] Doch ganz so ist es nicht. Vielmehr scheint Sexualität aus der Beziehung *ausgelagert* zu werden: nicht mehr so sehr in erotische Außenbeziehungen, das war eher der Stil der siebziger Jahre, sondern vor allem in die Masturbation. Die schon erwähnte US-amerikanische Erhebung zum Sexualverhalten zeigt deutlich, daß gerade bei jungen Männern und Frauen (unter 35 Jahren) die Tendenz ganz erheblich zugenommen hat, Masturbation in einer festen Liebesbeziehung als sexuelle Praktik beizubehalten,[14] offenbar als eine Möglichkeit selbstbestimmter, frei verfügbarer, autonomer, heimlicher und durchaus erholsamer Sexualität.

Ein junger Mann, der unsere Ambulanz auf-suchte, weil er keine Lust hatte, mit seiner Freundin zu schlafen, der aber über ein reges masturbatorisches Leben berichtete, brachte es auf den Punkt: »Da (bei der Masturbation) kann ich anfangen, wann ich will, kommen, wann ich will, aufhören, wann ich will; ich brauche keine Präliminarien, keine Kerzen, keine Zärtlichkeiten hauchen, nicht erspüren, was sie viel-leicht will, nicht hinterher darüber zu diskutieren, wie es war, kann einschlafen, wann ich will.« Dieser Mann und weniger extreme Zeitgenossen, Männer und Frauen, die über die Selbstbefriedigung den Geschlechtsverkehr mit ihrem Partner oder ihrer Partnerin nicht gleich aufgeben, entkommen mit der Masturbation den hohen Anforderungen sexuell-ero-tischer Etikette der Mittelschicht.

Es gibt andere Fluchten, die aber seltener sind, in die Freiheit der Unverbindlichkeit, die Freiheit vom Aushandeln und vom ziemlichen Interagieren. Eine Untersuchung über Telefonsex in Deutschland zeigt, daß die Kunden recht alltägliche, »normale« Männer sind. Sabine Mooren[15] faßt ihre Studie so zusammen: »Die Kommunikation im Sexgespräch ist unauffällig, hinterläßt keine Spuren und garantiert Anonymität. Erlebnisse und Erfahrungen werden über die Distanz gemacht, der Kontakt ist technisch vermittelt. Die In-timität hält nur einen flüchtigen Moment« – jederzeit kann man ins alltägliche Leben zurückkehren. Bei-nahe unvorstellbar ist, daß der Autorin zufolge auch Frauen telefonisch als Kunden sexuell aktiv werden.

Vom »Designer-Sex« hat Ulla Meinecke gespro-chen[16] – in Anlehnung an die sogenannten »Designer-Drogen«, die so zusammengestellt, »entworfen« wer-den, daß sie einen angezielten emotionalen Zustand erzeugen oder erzeugen sollen. Auch Sex kann designt, auf Wünsche, Wunschreste und widerstreitende Bedürfnisse zugeschnitten werden – zum Beispiel wenn ein alleinlebender Mann oder eine alleinlebende Frau sexuelle Abenteuer in der besonderen Situation des Urlaubs suchen und danach ganz zufrieden zurückzukehren, um sich bis zum nächsten Sommer oder Winter erst einmal Ferien von der anstrengenden Sexualität, vom komplizierten Beziehungsleben zu gönnen. »Aus dem Revolutionären Eros«, so Volkmar Sigusch, »ist, etwas zu modern gesagt, Lean Sex geworden: selbstdiszipliniert und selbstoptimiert.«[17]

Im vorangehenden Kapitel habe ich den Gewalt- und Geschlechterdiskurs als ein Vehikel des Wandels heterosexueller Verhältnisse beschrieben. Aber Diskurse entstehen nicht im luftleeren Raum, sie haben immer *materiale* Bedingungen, die ihr Erscheinen, ihren Inhalt und ihr Ziel bestimmen. Verhandlungsmoral und Entsexualisierung werden vom feministischen Diskurs zwar gefördert, aber ihre gesellschaftlichen Ursachen liegen in der *tatsächlichen* Veränderung des Geschlechterverhältnisses.

Die Moderne begann mit einer Verschärfung der Geschlechterbeziehung, mit einem massiven gesellschaftlichen Widerspruch: Die Ablösung der Feudalherrschaft durch das Bürgertum schuf im 19. Jahrhundert ein neues Feudalverhältnis zwischen Mann und Frau, durch das letztere, massenhaft aus der Produktion entfernt, in ihren Aufgaben auf Haus und Kinder reduziert, gesellschaftlich noch ohnmächtiger wurde. Diese »halbierte Moderne« – wie Beck und Beck-Gernsheim sie nennen – befindet sich in einer zählangsamen, von vielen Rückschlägen unterbrochenen, doch nicht aufhaltsamen Veränderung.[18] Seit Beginn des Jahrhunderts, aber deutlich beschleunigt seit den sechziger Jahren, reduziert sich in Ausbildung,

Arbeit und Beruf die soziale Diskriminierung der Frau, obwohl sie nach wie vor gewaltig ist.

Diese Entwicklung wird deutlich, wenn man den Blick von der Bundesrepublik ab- und anderen Industriestaaten, vor allem den skandinavischen, zuwendet. In allen Staaten der Europäischen Union – vom Nord- zum Mittelmeer, also kultur- und konfessionsübergreifend – stieg zwischen 1970 und 1990 die Partizipationsrate, also der Anteil der Frauen, die erwerbstätig sind, zum Teil deutlich an.[19] Im selben Zeitraum nahm die Erwerbsquote der Männer teilweise beträchtlich ab, was die Annäherung der Frauen an die Männer noch verstärkte. Doch bleiben wir bei den Frauen. In der BRD (alte Bundesländer), die im europäischen Vergleich nicht gut dasteht und ein geschlechtskonservativer Industriestaat ist, stieg die Partizipationsrate zwischen 1970 und 1990 von 48 auf 55%, also nur um sieben %; in Schweden dagegen von 59 auf 84%, also um 25%, und liegt hier nur noch geringfügig unter der Quote der Männer. (Nur zur Erinnerung: In der DDR lag die Partizipationsrate der Frauen über 90%). Die Unterschiede zwischen der schwedischen und westdeutschen Entwicklung sind komplex, in erster Linie aber begründet durch das Steuerrecht (in Schweden gibt es eine konsequente Individualbesteuerung, kein Splitting) sowie durch ein überlegenes Angebot öffentlicher Kinderbetreuung. (Es gibt Berechnungen einer schwedischen Ökonomin, derzufolge die Partizipationsrate in der Bundesrepublik um zehn % höher läge, gäbe es hier die schwedische Individualbesteuerung.)[20]

Nun ist die Partizipationsrate ein sehr grober, bei unkritischer Interpretation irreleitender Indikator: Sie umfaßt auch Teilzeitbeschäftigte und bewertet nicht die berufliche Qualifikation und Stellung. So liegt der Anteil der Teilzeitbeschäftigten in der BRD bei den Frauen erheblich höher als bei den Männern (31% gegenüber 2,1 %), und die Gehälter der Frauen sind niedriger (1990 betrugen sie in der BRD in der Industrie nur 73 % der Männergehälter, in Schweden liegt auch dieser Wert mit 90 % deutlich höher).[21] Der Anteil der Frauen in Führungspositionen beträgt hierzulande noch nicht einmal fünf %. Und die Geschlechtersituation an den Universitäten kann als ernste Bedrohung von Wissenschaft und Forschung gelten: Fast 50 % aller Studierenden sind Frauen; ihnen stehen aber nur sehr wenige wissenschaftliche Mitarbeiterinnen (18 %) und noch weniger Professorinnen (4 %) gegenüber.[22] Stiege der Anteil der Professorinnen im gleichen Tempo wie bisher, so hat jemand berechnet, dann wäre die Geschlechtsparität im Jahre 8000 erreicht.

So zeigt die Wirklichkeit beides: *trostlose Immobilität* und *rasante Veränderungen*. Und schon simple demographische Daten belegen, daß diese Veränderungen ins Mark heterosexueller Beziehungen zielen. Ebenfalls konfessions- und kulturübergreifend, von Portugal bis Schweden, stiegen zwischen 1970 und 1990 in allen Ländern der Europäischen Union (natürlich auch in den USA und Kanada) zum Teil drastisch: die Scheidungsrate; die Zahl außerehelicher Geburten; die Zahl der Kinder, die mit einem Elternteil leben; die Zahl der alleinlebenden Erwachsenen. Zugleich sanken die Heiratsziffern und die Kinderzahl.[23] Die »postfamiliale Familie«, wie Elisabeth Beck-Gernsheim sie gerade genannt hat, betritt die Bühne als große Schwester der »reinen Beziehung«.[24]

Die Veränderung der sozioökonomischen Stellung der Frau hat Gründe: Die »halbierte Moderne« ist nicht nur diskriminierend und ungerecht, sie wird zunehmend auch *gesellschaftlich dysfunktional*. Hierzu gibt es eine lebhafte Diskussion unter Sozialwissenschaftlerinnen, die für die Sexualwissenschaft von großer Bedeutung ist und aus der ich einige Punkte herausgreifen möchte.

Die »halbierte Moderne« ist *erstens* eine Ver-
schleuderung von Begabungsressourcen – quantitativ
und qualitativ –, die heute, da die Frau im Versorgungsbereich (Haushalt, Kinder) nicht mehr so ge-
braucht wird oder sogar stört, mit der ökonomischen
Logik nicht mehr vereinbar ist; auf die besondere
Begabung der Hälfte der Menschheit kann man in
der Arbeitswelt nicht mehr einfach verzichten.[25] Die
»Halbierung der Moderne« ist *zweitens* ein Störfaktor
in der Kapitalisierung der Versorgungsarbeit, das
heißt, die Verdrängung der unbezahlt arbeitenden
Frauen aus diesem Bereich ist geradezu notwendig, um
diesen großen Sektor den Marktgesetzen zu überlas-
sen.[26] *Drittens* ist im Zeitalter der »reinen Beziehung«
und der Auflösung der Ehe als Versorgungsinstitution
die Spezialisierung der Frau auf Haushaltsarbeit und
Kindererziehung, die ihre Marktchancen erheblich reduziert, ein hohes persönliches Risiko und unvernünf-
tig; aber selbst in stabilen Familien ist die traditionelle
Arbeitsteilung bei der geringen Kinderzahl, dem Stand
der Haushaltstechnik und dem Angebot an Dienstleistungen schon aus schierer familiärer ökonomischer
Vernunft unsinnig: Das Familieneinkommen kann
sehr viel höher sein, wenn weniger geschlechtstradi-
tionell verfahren wird.[27] Und *viertens* ist nicht zu übersehen, daß Männer, vor allem aus der Mittelschicht,
schon heute und in Zukunft noch stärker mit den
Frauen um die emotional befriedigenden, authenti-
schen Erlebnisse und Beziehungen versprechenden
Teile der Versorgungsarbeit, ich meine vor allem die
Kinderbetreuung, konkurrieren werden. Empirische
Untersuchungen zeigen zwar, daß es kaum Familien
gibt, in denen Haus-, Kinder- und Erwerbsarbeit »gerecht« verteilt sind; andererseits gibt es immer weniger
Familien, die dem Muster traditioneller Arbeitsteilung
strikt folgen, sondern eine Vielzahl von Zwischenfor-
men. Diese »pluralistischen« Mikroveränderungen

wahrzunehmen und zu analysieren erscheint mir viel lohnender als das Lamento, es tue sich nichts auf diesem Feld.[28]

Diese Entwicklungen transformieren die Heterosexualität zwangsläufig. Denn durch sie greifen die nichtprivaten sozialen Räume von Männern und Frauen zunehmend ineinander, und zwar auch in den verschiedenen hierarchischen Sektionen der Außen- und Arbeitswelt, das heißt zaghaft zunehmend unter gleich Starken und gleich Unabhängigen. Cas Wouters hat diese Entwicklung in der Terminologie von Norbert Elias treffend formuliert: Die zunehmende Interdependenzverflechtung von Männern und Frauen im öffentlichen Sektor verschiebt die Scham- und Peinlichkeitsgrenzen im Sinne eines wohlkalkulierten Emotionsmanagements, einer subtileren Affektregulierung (Verhandlungsmoral!) und einer erhöhten Kontrolle herkömmlicher Überlegenheits- und Unterlegenheitsgesten sowie sexueller Impulse und erotischer Signale.[29] Und im *privaten* Sektor treffen Männer und Frauen zunehmend als Gleiche – nach Ausbildung, Berufschancen und Verdienst – aufeinander; sie werden sich ähnlicher im Hinblick auf Autonomie und Macht, aber auch im Hinblick auf ihre Aufgaben und Erfahrungen. Das Geschlecht wird für die gesamte Lebenswelt der Männer und Frauen irrelevanter.

Natürlich verläuft der skizzierte Wandel heterosexueller Verhältnisse voller Widersprüche, und er wird durch viele Ereignisse bis zur Unkenntlichkeit entstellt. Wir stehen vor einem scheinbaren Paradoxon: Entsexualisierung und neue Kodifizierung – oder noch zugespitzter »Pazifizierung« – der männlichen Sexualität einerseits; andererseits unübersehbare, vielleicht sogar verstärkte sexuelle Aggression, Machtausübung und Gewalt von Männern gegenüber Frauen. Unsere Interviewuntersuchungen an sechzehn- und siebzehnjährigen Jungen und Mädchen aus Großstädten, die wir 1970 und 1990 durchführten, zeigen beide Seiten deutlich.[30] Einerseits erleben Jungen ihre Sexualität heute seltener als vor zwanzig Jahren als impulshaft und drängend; Grenzen, die Mädchen selbstbewußter setzen, und Wünsche, die sie selbstbewußter äußern, wollen und können sie besser respektieren. Andererseits haben viele Mädchen, kaum sechzehn oder siebzehn Jahre alt, traumatische sexuelle Erfahrungen gemacht, Erfahrungen mit sexuellem Zwang bis zur Gewaltandrohung und Gewaltausübung – auch, allerdings selten, mit Gleichaltrigen.

Es ist vermutlich sinnvoll, beides als Erscheinungsformen der gegenwärtigen Entwicklung zu begreifen, die in einem Zusammenhang stehen. Die Geschlechter- und Gewaltdebatte sensibilisiert die Wahrnehmung für Übergriffe und Machtausübung im Sexuellen, »verfeinert« und rationalisiert die sexuellen Umgangsformen im Sinne der Verhandlungsmoral; der beginnende Verlust alter Privilegien, Rollen und Selbstverständlichkeiten, die Aufkündigung der weiblichen Komplizenschaft bei der Aufrechterhaltung der alten Geschlechterordnung, kurz: der zäh-langsame, immer wieder unterbrochene Wandel der kulturellen Form der Zweigeschlechtlichkeit – diese schleichende Revolution – verstärkt bei Männern die Tendenz zu machistischer Reaktion, sexueller Aggression – und sexueller wie geschlechtlicher Verwirrtheit. Die tiefverwurzelten Phantasmata vom eigenen und anderen Geschlecht, die Eberhard Schorsch beschrieben hat, lassen sich nicht mal so eben »dekonstruieren«;[31] der Umbruch alter, früh und vorbewußt sozialisierter Selbstverständlichkeiten ist mühsam zu ertragen, für alle.

Vielleicht ist das ein Grund dafür, warum ein Buch wie »Die Masken der Sexualität« von Camille Paglia heute bei Frauen und Männern ein Bestseller

werden kann.[32] Sie verkündet ein radikales Gegen-
programm zur Verhandlungsmoral. Bei ihr sind
Männer und Frauen sich fremd und geschieden; bei
ihr wird die Nähe der Frau zur Natur beschworen,
ihre Urwüchsigkeit, ihre emotionale und sexuelle
Unmittelbarkeit, vor der der Mann, in Angst und
Schrecken versetzt, nur in apollinische Lebensbewältigung flüchten kann, in Kunst, Wissenschaft, Arbeit,
Rationalität; und verkündet wird, daß die Unterschiede zwischen Mann und Frau so elementar wie
unaufhebbar sind.

Das alte, »chthonische« Bild der Frau, das schon
den Wahn des »Hexenhammers« anstachelte, wird beschworen – nur in triumphaler Weise positiv gewendet. Die Polarisierung der Geschlechter ist für Paglia
verquickt mit der Möglichkeit und dem Versprechen
wilder, kurzfristiger, unkontrollierter, gefährlicher
erotischer Auflösung der Fremdheit in der leidenschaftlichen Vereinigung. Paglias Buch ist Aufruhr
gegen Antioch und Trost für die sexuell Gelangweil-
ten, vor allem aber für die geschlechtstypisch Entzau-
berten; und es erfüllt damit wohl eine Funktion, die
Stefan Hirschauer so beschreibt: »Sich trotz allen Auf-
bruchs noch als problemlose Bewohner der alten Ge-
schlechtskategorien zu wähnen und von ihnen aus die
soziale Welt zu betrachten.«[33]

3

Die Brüchigkeit von Liebesbeziehungen

Den Zustand des heutigen Liebeslebens haben die
»Fugs« – eine politische Rockgruppe – in den achtziger Jahren in ihrer Ballade »Dreams of Sexual Perfection« besonders hellsichtig besungen: Sie spotten dort
über die »halbjährliche halbernste halbserielle halb-
sensuelle Monogamie« der Zeitgenossen und veral-
bern mit dieser Wortschöpfung zugleich noch die
Bemühungen von Wissenschaftlern, die neuen unor-
dentlichen Verhältnisse wenigstens terminologisch in
den Griff zu bekommen.[1]

Die Brüchigkeit von Beziehungen kennzeichnet
die moderne sexuelle Welt. Fast 30% aller sechzehn-
und siebzehnjährigen Jungen und Mädchen berichten,
daß ihre Eltern geschieden sind oder getrennt leben;
20% erlebten die Trennung, bevor sie elf wurden;
jeder oder jede vierte gibt an, daß Vater und/oder
Mutter in einer neuen Beziehung leben;[2] und noch
mehr Jugendliche, so kann man schließen, kennen
Trennungen der Eltern oder unvollständige Familien
oder neue Familien/Beziehungen von ihnen naheste-
henden gleichaltrigen Freundinnen und Freunden.
Jugendliche machen heute die hautnahe Erfahrung,
daß Ehe und Partnerschaft nicht haltbar sind, ehe-
mals Sich-Liebende auseinandergehen und auch von
den gemeinsamen Kindern nicht zusammengehalten
werden.

Wie kommt es zu dieser Labilität von Beziehungen? *Ehen, Partnerschaften, Liebesbeziehungen sind heute sehr viel abhängiger von Emotionen und Sexualität, als sie es jemals waren.* Sie stehen sozusagen unter dem Diktat, unter der »Tyrannei der Intimität«.[3] Diese Entwicklung ist *eine* wichtige Ursache für die Brüchigkeit von Partnerschaften. Hinter dieser Entwicklung stehen langfristige Veränderungen von Ehe und Familie, die bis ins 18. Jahrhundert zurückreichen und die man verstehen muß, will man die Situation des modernen Paares begreifen.

Die Familie hat – einhergehend mit der Industrialisierung – in den letzten zweihundert Jahren immer mehr sachliche, lebensbewältigende Aufgaben und Funktionen verloren. Holzschnittartig vergröbert lassen sich zwei Schübe dieser Entwicklung ausmachen: zuerst, im letzten Jahrhundert, der Verlust von *Produktionsaufgaben*; dann, in diesem Jahrhundert, die Entlastung von *Versorgungsaufgaben*. Und in dem Maße, in dem das geschah, in dem sachliche Funktionen verlorengingen, wurden Emotionen, Gefühle, schließlich – relativ spät – auch Sexualität immer mehr zu einer Stütze von Ehe und Familie, ihr Korsett. Ich will diese Entwicklung kurz nachzeichnen.[4]

Die vorindustrielle Familie, die sogenannte *Produktionsfamilie*, war eine Wirtschaftseinheit, eine Gruppe, die zusammenlebte und im Haus und um das Haus herum zusammenarbeitete. Ihre Aufgabe war die Produktion von Gütern zur Versorgung aller ihrer Mitglieder, und alle – Männer, Frauen, Kinder – wirkten daran mit. Die alte bäuerliche und die alte Handwerkerfamilie, aber auch die Heimwerkerfamilie zeigen diesen Typus am deutlichsten. Bis in das 19. Jahrhundert herrschte diese Familienform vor, auf dem Lande sogar noch länger. Im Zuge der Industrialisierung, durch die Fabrikarbeit, also durch einen scheinbar einfachen Vorgang: die Trennung von Wohn- und Arbeitsplatz, verliert die Familie im

19. Jahrhundert massenhaft ihre Produktionsaufgaben. Die *bürgerliche Kleinfamilie* wird die bestimmende Familienform. Dies geht einher mit dramatischen Veränderungen des affektiven Klimas in der Familie: Es erwärmt sich, wie der Familienhistoriker Edward Shorter es nannte.

Diese Erwärmung, Emotionalisierung des Familienlebens ist an vier Idealen abzulesen, die uns uralt erscheinen, doch historisch neu sind, sich erst im letzten Jahrhundert auf breiter Front durchsetzten: das Ideal *Häuslichkeit*: Die Familie soll ein Nest für Wärme und Wohlergehen sein und abschirmen von der feindlichen und unwirtlichen Arbeits- und Umwelt. Das Ideal *romantische Partnerwahl*: Zuneigung und Liebe, nicht wirtschaftliche Nutzerwägungen sollen die Wahl des Partners bestimmen. Das Ideal *Gattenliebe*: Die dauerhafte Liebe zwischen Mann und Frau soll Grundlage für die Aufrechterhaltung der Ehe sein. Und das Ideal *Elternliebe*: Die Kinder sollen nicht mehr beiläufig groß werden, sondern in liebevoller, fürsorglicher, inniger Beziehung zu Mutter und Vater – besonders zur Mutter – gedeihen.

Dies alles sind *bürgerliche* Ideale; weder die Dorf- noch die Stadtbevölkerung vor der industriellen Revolution hatte solche Vorstellungen, und dem Adel waren sie erst recht fremd: Für den Adel war die Ehe eine »ehrenvolle Art, mit der Geliebten zu brechen«,[5] sie kennzeichnete also das *Ende* eines Gefühls – man heiratete, wenn die Leidenschaft erloschen war –, nicht den *Ausdruck* eines Gefühls wie für den Bürger.

Die bürgerlichen Familienideale setzten »ein gewaltiges Sentimentalisierungsspektakel« in Szene.[6] Sie konnten nie verwirklicht werden; aber das wurde und wird verleugnet. Der Abend im Kreis der Familie ist eine Metapher für reines Glück, auch wenn er tatsächlich die Hölle ist; die Partnerwahl gilt durch Zuneigung begründet, auch wenn wirtschaftliche Inter-

essen, Klassen- und ethnische Schranken unübersehbar sind; die lange Ehe scheint Liebe zu signalisieren,
auch wenn nur Gewohnheit und äußere Fesseln sie
zusammenhalten und die Partner als Fremde neben-
einander herleben; die Beziehung zwischen Kindern
und Eltern wird verklärt, obwohl die neue Intimität
der Kleinfamilie gerade die tiefen familiären Konflikte
entfesselte, die Sigmund Freud um 1900 beschrieb,
und die Inzestproblematik real und in der Phantasie
zuspitzte (vgl. Kapitel 9). Seine Beobachtungen über
das *Drama Familie* hätte Freud hundert Jahre früher
nicht machen können.

Die *Frau* vor allem sollte die hohen Ideale einlö-
sen, sie sollte die familiären Bindungen schön warm-
halten. Nicht mehr integriert in die arbeitsteilige Pro-
duktionsordnung, werden ihre Aufgaben gewaltig
beschnitten. Sie wird auf das Heim und die Kindererziehung zurückgedrängt. Die bürgerliche Familie be-
reitete der Frau eine weitere einschneidende politische
Niederlage – durchaus der Hexenverfolgung ver-
gleichbar, wenn auch weniger blutig. Das Bürgertum
löste die Feudalverhältnisse der Agrargesellschaft auf
und schuf zugleich – wie die Soziologen Beck und
Beck-Gernsheim sagen – ein neues oder verschärf-
tes Feudalverhältnis zwischen Mann und Frau, eine
Geschlechtsständegesellschaft innerhalb der demo-
kratisierten Gesellschaft.[7] Die Moderne war halbiert,
Männer hatten an ihr teil, Frauen (zunächst) nicht.

Die politische Niederlage der Frau wurde ka-
schiert mit der Verklärung und Verkitschung des
Mutterbildes. Das ist ein fragwürdiger Trost, denn
das Kitschbild hat ein Pendant: das Bild der bösen
übermächtigen Mutter, das die Psychotherapeuten so
sehr beschäftigt. In dem Maße, in dem die Frau aus der
gesellschaftlichen Produktion entfernt und damit *gesellschaftlich* machtlos wurde, gewann sie *psychologisch*
an Macht. Ihr Einfluß auf die Erziehung der Kinder

wuchs immens, die Früherziehung lag nun fast ausschließlich in ihren Händen. Es kam zu der Situation, die der Psychoanalytiker Michael Lukas Moeller mit dem paradoxen Begriff »Männermadriarchat« zutreffend kennzeichnet:[8] Männer haben gesellschaftliche Macht und dominieren Frauen; aber Jungen und Mädchen, Männer und Frauen sind durch die ersten wichtigen Jahre ihrer Entwicklung vor allem muttergeprägt, frauengeprägt.

Die Männlichkeit der Männer ist, wie Jessica Benjamin fast poetisch sagt, »eine im Feuer der Weiblichkeit geschmiedete Männlichkeit«.[9] Doch diese psychologische Macht der Mütter und die so »geschmiedete« brüchige Männlichkeit hat, worauf seit Dorothy Dinnerstein Psychologinnen und Soziologinnen immer wieder hingewiesen haben, das hierarchische Verhältnis der Geschlechter zementiert und psychologisch abgesichert. Die Auflösung der mutterdominierten Kindheit, die heute sehr zögernd beginnt (vgl. Kapitel 2), sei eine Voraussetzung dafür, patriarchale Verhältnisse zu überwinden.[10]

Unter den Emotionen, die die Ehepartner binden sollen, spielte die Sexualität zunächst, das heißt in der bürgerlichen Kleinfamilie des 19. Jahrhunderts, eine geringe Rolle. Eheliche Sexualität diente vor allem der Fortpflanzung oder der geregelten Spannungsabfuhr der Männer. Die Frau ohne sexuelle Bedürfnisse galt als ideale Ehefrau. Dies änderte sich erst mit dem zweiten Schub des familiären Funktionsverlustes: im Versorgungs- und Erholungsbereich.

Zunächst blieb die Familie ja für die Versorgung der Grundbedürfnisse – Kleidung, Nahrung, Wärme, Gesundheit –, für Kinderaufzucht und Erholung, also für wichtige Bereiche der konkreten Lebensbewältigung, unentbehrlich, die Ehepartner waren hier noch unabdingbar aufeinander angewiesen; und dieses Aufeinanderangewiesensein war ein wichtiger sachlicher, materialer Inhalt ihrer Beziehung. Es entfaltete sich, wie Elisabeth Beck-Gernsheim sagt, eine neue Form der wechselseitigen Abhängigkeit: »Die Frau wurde abhängig vom Verdienst des Mannes; er wiederum brauchte, um funktionsfähig und einsatzbereit zu sein, ihre alltägliche Arbeit und Versorgung«.[11]

Dies änderte sich für große Teile der Bevölkerung nach dem Zweiten Weltkrieg: Durch den gesellschaftlichen Wohlstand, durch die Abnahme der Kinderzahl, durch Angebote von Dienstleistungen für Versorgung (Fernheizung, Wasch- und Reinigungsdienste, Kantinen, Fast-food-Ketten usw.) und Kindererziehung (Kindergärten, Tagesmütter) und durch so triviale Dinge wie Wohn- und Küchentechnik, aber auch »Kindertechnik« (Einwegwindeln, Babynahrung usw.) wird die Familie zunehmend von Versorgungsaufgaben entlastet.

Parallel zu dieser Entwicklung wächst die Bedeutung, die der Sexualität für die Ehe zugeschrieben wird. Die bürgerliche Sexualreformbewegung der zwanziger Jahre postuliert die *Sexualisierung der Ehe* zum erstenmal und mit Nachdruck und stößt auf große Resonanz – aber auch noch auf große Empörung – im Bürgertum. Ihr wichtigster Sprecher ist der niederländische Arzt und Aufklärer Theodor van de Velde. Er fordert in seiner »Trilogie des ehelichen Glücks« – so warb der Verlag in Deutschland für seine Bücher über die Ehe – nicht weniger als die Erotisierung der Ehe als Voraussetzung für ihre Haltbarkeit und Dauer.[12] Und er erteilt tausendseitenfach Ratschläge für die mühselige Ausbildung *kontinuierlicher ehelicher Leidenschaft* und macht damit deutlich, daß er dies für eine wahre Sisyphusarbeit hält.

Eine solche Auffassung erforderte eine neue Konzeption weiblicher Sexualität. Für die Frau gelten nun sexuelles Erleben und sexuelle Erfüllung als genauso wichtig wie für den Mann. War fünfzig Jahre zuvor, bei den Viktorianern, die frigide Frau das bürgerliche Ideal, so wird Frigidität nun zur Krankheit, zur Störung. »Der Orgasmus war...« – so Karin Lützen über die Geschichte der weiblichen Sexualität – »nun entschieden zum neuen Geschenk an die Frauen geworden, wurde allerdings auch bald zu einer Plage. Denn kaum war das Begehren erfunden, da wurde die Begehrlosigkeit unter der klinischen Diagnose Frigidität ins Krankenbett gesteckt. Frigidität wurde nun zu einer neuen Frauenkrankheit, sie verbreitete sich wie eine Epidemie.«[13]

Das ist ein eindrucksvoller Bruch mit dem viktorianischen Bild weiblicher Sexualität innerhalb einer kurzen historischen Periode; allerdings kein vollständiger Bruch. Der Mann sollte Erwecker und Führer der weiblichen Sexualität sein – er sollte ihre Sexualität kontrollieren, *ohne* auf ihre Leidenschaft zu verzichten (was der Viktorianer noch mußte). Van de Velde warnt die Männer vor allem davor, die Frau durch eine zu hohe Häufigkeit des Geschlechtsverkehrs zu verwöhnen, weil – ganz unverblümt behauptet er das – Frauen dadurch unersättlich würden und Potenz und sexuelle Leistungsfähigkeit der Männer überfordern könnten. Die Angst vor der phantasierten Allgewalt weiblicher Sexualität kommt hier auf das allerschönste zum Ausdruck; sie – die unberechenbare weibliche Natur – muß von den Männern in »vernünftigen« Schranken gehalten werden, um sie (die Männer) nicht zu bedrohen oder zu verwirren. Diese Vorstellung ist heute noch weit verbreitet, wenn die meisten Männer, bewußt oder unbewußt, sich eine Frau wünschen, die leidenschaftlich und potent ist, aber immer ein wenig weniger als sie selbst.

In Deutschland wurde die mit der bürgerlichen Sexualreformbewegung eingeleitete Entwicklung durch den Nationalsozialismus unterbrochen. Sie wurde allerdings nur teilweise zurückgedreht. J. H.

Schultz, der Begründer des Autogenen Trainings, schrieb das wohl am weitesten verbreitete offizielle Aufklärungsbuch im »Dritten Reich«. In diesem Buch – einer Publikation des linientreuen »Deutschen Instituts für Psychologische Forschung und Psychotherapie« in Berlin – wird zwar nicht mehr so offen über sexuelle Praktiken geredet wie van de Velde das tat, und die Sexualität wird ganz vorrangig bevölkerungspolitischen Zielen unterstellt (»Ziel und Sinn des menschlichen Liebeslebens ist die Erreichung der kinderreichen Einzelehe«); aber die Lebendigkeit des Liebeslebens in der Ehe, die Befriedigung *beider* Partner, gilt als ausdrücklich erwünscht und der Volksgesundheit dienlich.[14]

Die Fortsetzung der bürgerlichen und Sexualreformbewegung kommt in den westlichen Industriegesellschaften erst in den letzten drei Jahrzehnten mit dem Prozeß, der sexuelle Liberalisierung genannt wird, in Gang. Sexualität wird nun, heute, aufgefaßt als eine besonders wichtige Grundlage von Liebesbeziehungen, seien sie – und das ist neu – ehelich oder nicht. Band die bürgerliche Sexualreformbewegung der zwanziger Jahre die Erotik noch an die Ehe, so setzte die sexuelle Liberalisierung der späten sechziger und siebziger Jahre die Sexualität von der Institution Ehe frei, keineswegs aber von Liebe und Zweierbeziehung. Es entsteht das Ideal, demzufolge Liebe und Sexualität zusammengehören, das heißt – um es pathetisch zu sagen, aber das Ideal *ist* auch pathetisch – die Auffassung, daß Sexualität besonders intensiv und erfüllend ist, wenn sie in Liebe geschieht, und Liebe sexuellen Ausdruck braucht, um sich verwirklichen zu können.

Diese Ehe- und Beziehungskonzeption macht dem Paar sexuelle Leidenschaft beinahe zur Pflicht – und die meisten Zeitgenossen hängen diesem Ideal an, sind in diesem Sinne »Neo-van-de-Veldianer«. Die

Zweierbeziehung wurde dem Ideal nach zu einer Dauereinrichtung zur Ausübung leidenschaftlichen Verlangens. Deshalb ist heute die Zweierbeziehung von dem Abflauen sexuell intensiver Erlebnisse und dem Erkalten der Erotik besonders bedroht. Dauer und Leidenschaft versucht unser modernes Beziehungsideal also zusammenzuketten und verlangt damit die Quadratur des Kreises.

Dieser Widerspruch ist in der Emotionalisierung des Familienlebens im 19. Jahrhundert angelegt. Wir sind für Philippe Ariès die ersten Menschen in der Weltgeschichte, die das Paradoxon anstreben, eine auf Dauer angelegte, langfristige (diese Vorstellung besteht ja noch) Beziehung, nämlich Partnerschaft und Ehe, auf etwas eminent Flüchtigem und Unzuverlässigem – nämlich Gefühlen, lebendig fühlbarer Liebe und Leidenschaft – zu gründen.[15] Der vorindustrielle Mensch hätte soviel Naivität gar nicht fassen können. Immer mehr Menschen sind allerdings dabei, dieses Paradoxon zugunsten des Gefühls und zu Lasten der Dauer zu lösen, und sie sind auch hierbei sehr viel stärker Kinder des letzten Jahrhunderts, als sie es ahnen.

Und sie sind konsequent. Wer Partnerschaft so eng an Leidenschaft und Gefühl bindet, der wird um seiner Ideale willen, um seinen Werten gerecht zu werden, seine Beziehung entwerten und beenden müssen, wenn lebendige Gefühle und lebendige Sexualität vergehen. Der hohe Grad an romantischem Idealismus und Rigorismus ist eine Voraussetzung für die schwindende Dauer von Beziehungen, deren Widersacher die Liebe ist. Damit schaffen Männer und Frauen das Phänomen, das die einen serielle Monogamie, die anderen serielle Promiskuität nennen – also Anthony Giddens »reine Beziehung« (vgl. Kapitel 1), die auf nichts anderem beruht als dem befriedigenden emotionalen Austausch, solange er hält, für beide. Ihrer Reinheit verpflichtet, sind diese Beziehungen episodisch – »schwebende Liebe«, wie Zygmunt Bauman sagt, die »das Versprechen auf Freiheit mit dem Gespenst der Unsicherheit verbindet«.[16]

Die Beziehungsbiographien heterosexueller Männer und Frauen verändern sich nachhaltig. Im Lebenslauf von immer mehr Männern und Frauen lösen sich Perioden des Alleinseins ab mit Perioden nichtfamiliären Zusammenlebens (z. B. Wohngemeinschaft, unverheiratet Zusammenleben in einer Beziehung) und Perioden familiären Zusammenlebens (verheiratet oder unverheiratet mit eigenen Kindern; oder mit den Kindern aus früheren Beziehungen des Mannes, der Frau oder beider; oder alleine mit Kindern usw.). Die Wechsel erfolgen oft mehrfach in einer Biographie. Es entsteht eine postfamiliale Familienvielfalt und eine Vielfalt des Alleinlebens, sekundär, tertiär, quartär. Die alte Normbiographie – Elternfamilie, Junggesellenzeit, eigene Familie, Verwitwung (sofern der Partner früher stirbt), Ende – wird zunehmend zu einer Randexistenz.[17] An ihre Stelle tritt ein kaum beschreibbarer, buntgescheckter biographischer Beziehungspluralismus, wie Soziologen es nennen – als Folge unserer »halbjährlichen halbernsten halbseriellen halbsensuellen Monogamien«.

4

Das Knappwerden der Wünsche

In den hochentwickelten marktwirtschaftlich organisierten Industriegesellschaften des Westens können heute Produkte im Überfluß hergestellt werden, viel mehr, als wir jemals verbrauchen können. Während in den meisten Regionen dieser Welt bedrohlicher Mangel herrscht, stehen wir vor unermeßlichen Bergen von Waren und Produkten – wobei allerdings auch bei uns vielen der Zugang zu diesem Überfluß verwehrt ist. Unter dem Druck der Warenberge sind Einschränkungen und Verzicht prinzipiell unerwünscht; denn was fehlt, sind Abnehmer, Käufer, also Waren-»Bedürftige«, die die vielen Waren kaufen – und wenn Waren-»Bedürftigkeit« fehlt, warum sollte dann ein Bedürfnis wie Sexualität unterdrückt, sparsam bewirtschaftet werden? Eher gehört es ausgeplündert. »Im Vergeudungskapitalismus«, so Helmut Dahmer, ist »die Verzichtmoral in der Konsumsphäre durch ihr Gegenteil, eine Art hedonistischer Propaganda, ersetzt worden.«[1]

Im Zuge dieser Entwicklung kommt es in den Überflußgesellschaften, beinahe unbemerkt, zu einer grundsätzlich veränderten Relation von Bedürfnissen einerseits und Befriedigungsmöglichkeiten andererseits und damit zu einem völlig veränderten Umgang mit Bedürfnissen. Der österreichische Philosoph Günther Anders hat dies im zweiten Band seines Werkes »Die Antiquiertheit des Menschen« am genauesten beschrieben. »Nicht die bedürfnisstillenden Materialien und Energien werden begrenzt sein, sondern umgekehrt die Bedürfnisse, da diese nicht... ad infinitum erweitert werden können.«[2] Anders denkt die Überflußgesellschaft zu Ende: Wir werden keinen Mangel an Befriedigungsmitteln, an Gütern haben, sondern einen Mangel an Bedürfnissen; nicht die Ressourcen sind begrenzt, sondern die Wünsche. Diese Position leugnet nicht, daß auch hierzulande viele Menschen Mangel leiden: Sie zeigt nur gesellschaftliche Strukturen, die für die vielen Wohlhabenden längst verwirklicht sind.

Ohne sich auf Anders zu beziehen, gelangt der französische marxistische Philosoph André Gorz zu einer ähnlichen Position.[3] Auch Gorz geht von der »begrenzten Natur der Bedürfnisse« aus. Da die Bedürfnisse begrenzt sind, können sie uneingeschränktes Wachstum der Produktion *nicht* gewährleisten. Die »begrenzte Natur« der Bedürfnisse kollidiert also mit der auf Expansion zielenden ökonomischen Rationalität, sie beginnt zu stören. Bedürfnislosigkeit wird unter diesen Umständen fast zu einem gesellschaftsfeindlichen Akt (zumindest die Bedürfnislosigkeit der Wohlhabenden, die der Armen ist immer willkommen).

Im subjektiven Erleben istBedürfnislosigkeit nun nicht mehr »Befriedigung«, sondern ein beunruhigender, kaum erträglicher Zustand; aus Befriedigungssuchern werden »Erregungssammler«, wie der Soziologe Zygmunt Baumann uns Zeitgenossen nennt.[4] »Genug« ist als kulturelles Ziel obsolet geworden, »je mehr, desto besser« ist die Maxime.[5] Es kommt zu einer merkwürdigen Verdrehung: Die Produktion dient nicht mehr dem Konsum, der Konsum muß in den Dienst der Produktion gestellt werden oder, damit die Verrücktheit noch greifbarer wird: Die Befriedigung soll nicht mehr das Verlangen stillen, sondern das Verlangen soll Befriedigungsmöglichkeiten abbauen. Bedürfnisse, Wünsche haben die Funktion erhalten, die Produktion zu ermöglichen, und sie sind uns damit gleichsam enteignet.[5]

Der Überschuß an Befriedigungsmitteln erfordert kategorisch, alle Bedürfnisse, und damit auch die Sexualität, zu maximalisieren, um konsumieren zu können, was auch immer, um die Produkte zu vernichten, damit neue hergestellt werden können. »Schon heute ist ja... der Vorrat an Bedürfnissen derart verknappt, daß eigens solche erzeugt werden müssen; diese Erzeugung von Bedürfnissen ist ja sogar schon zu einem der mächtigsten Produktionszweige geworden, da ohne deren Existenz die bedürfnisstillenden Produkte umsonst da wären.«[7] Einer dieser Produktionszweige ist die Psychologie, sofern sie darauf zielt, Wünsche zu stimulieren und Menschen für ihre Bedürfnisse »sensibel« zu machen – durch Werbung, aber auch durch Psychotherapie oder durch Encounter- und Selbsterfahrungsgruppen mit dem Lernziel »ich stehe zu meinen Bedürfnissen« –, als sei dies die ultimative Kulturleistung, als Losung für verwöhnte Mittelschichtkinder, die nie etwas entbehrten.

Ein anderer Produktionszweig von Bedürfnissen ist die (Alltags)pädagogik. Viele Kinder werden von früh an geradezu darauf getrimmt, Versagungen *nicht* zu tolerieren, sondern danach zu suchen, welche Wünsche sie denn haben. Für jemanden meiner Generation ist es verblüffend zu sehen, wie Eltern heute viertelstundenlang mit ihrer Dreijährigen oder ihrem Vierjährigen darüber diskutieren, ob, wann, wie und unter welchen Bedingungen sie oder er endlich dazu bereit ist, sich nach Abschluß des Kindergartens nach Hause zu begeben oder sich zur gemeinsamen Mahlzeit an den Tisch zu setzen oder das Spielzimmer aufzuräumen. Der zarteste Wunsch, der noch gar nicht erkennbar ist, soll aufgespürt, berücksichtigt und befriedigt werden. Eltern verhalten sich oft so, als hätten sie panische Angst, ihren Kindern Grenzen zu setzen oder ihnen Enttäuschungen zuzumuten. Die Erfüllung noch nicht geäußerter oder gespürter Wünsche macht das Leben wunschfrei und damit leer, und die daraus resultierende Nörgelei der Kinder verstärkt die Suche der Eltern nach bisher unentdecktem Verlangen.

Diese Haltung materialisiert sich im Überfluß an Spielzeug, Bilderbüchern, Knuddeltieren usw., in einer kindlichen Konsumwelt, deren Überfluß die Warenwelt der Großen widerspiegelt. Die Flut der Waren, die kurzfristig Interesse wecken, demontiert langfristige, »treue« Interessen oder Bindungen an Sachen oder Menschen. Wer sechzig Kuscheltiere hat, wird sich schwertun, zu einem von ihnen eine Beziehung als Tröster und vertrautem Spielgefährten aufzunehmen. »Einwegprodukte mit sofortigem Verfallsdatum haben die Welt der zeitlich dauernden Objekte ersetzt«, und schon in der Kindheit ist Dauer aufgesplittert »in eine endlose Reihe vorübergehender Augenblicke«.[8]

Es geht um die Optimalisierung des Menschen zum Bedürfniswesen, das kongruent ist mit den spätkapitalistischen sozioökonomischen Verhältnissen. Denn, so Günther Anders in einer zynisch anmutenden Zuspitzung seiner Thesen, »nicht um das tägliche Brot werden wir (privilegierte Menschen der westlichen Welt, G. S.) beten, sondern um den täglichen Hunger«.[9] Zynisch aber ist nicht diese Aussage; zynisch sind die Verhältnisse, die das in einem Teil der Welt ermöglichen, während in anderen Regionen Millionen verhungern. Die Werbung ist dicht dran an dieser verdrehten Bedürfnisbbefriedigungsrelation: Unter einer frisch geöffneten Flasche Bier, verlockend auf einem Plakat gezeigt, steht der Spruch: »Was gäbe ich für *Durst*« – nicht etwa: »Was gäbe ich für *Bier*«. Da wird in der Tat für unseren täglichen Durst gebetet, damit wir die Ware Bier verbrauchen können.

Oder: Ein kommerzieller Radiosender in Hamburg warnt seine potentiellen Hörer und Hörerinnen vor seinen Produkten, da »der ununterbrochene Genuß über mehr als zwei Stunden vergnügungssüchtig machen« kann. Sucht ist ein neues Reizwort: Ein dänisches Eis verspricht, »garantiert süchtig zu machen«, ein großer Verlag preist »die süchtig machende Schönheit« der Schilderungen seines großen Romanautors. Sucht, das ist die Lösung in dem von Günther Anders beschriebenen Dilemma: Sucht garantiert die Perpetuierung des Wunsches, macht ihn unendlich und unstillbar; sie ist nicht Drohung, sondern klammheimliche Verheißung, Befreiung von dem schwer tragbaren bedürfnislosen Zustand, von der Knappheit der Wünsche. Sucht ist der Grundstruktur dieser Gesellschaft deshalb adäquat, und in diesem Sinne sprechen viele zu Recht von einer Suchtgesellschaft; Suchtverhalten, tatsächliches, hat mit diesen Strukturen zu tun.

Der veränderten Bedürfnisbefriedigungsrelation entsprechend änderten sich die Klagen der Patienten und Patientinnen mit Sexualproblemen. Klagten sie früher, vor dreißig Jahren, sehr oft über ein Zuviel an Triebspannung, über quälende, beunruhigende sexuelle Wünsche, mit denen sie nicht wußten, wohin, so klagen sie heute vor allem über ein Zuwenig an Triebspannung, über Lustlosigkeit und sexuelle Langeweile. Wollten sie früher von ihren Bedürfnissen »befreit« werden, so ist es heute vor allem ein Problem, nicht genug davon zu haben, der Mangel an Wünschen, nicht der Mangel an Befriedigungsmitteln wird beklagt. Das Erleben der Sexualität änderte sich drastisch, nicht nur bei Männern und Frauen mit Sexualproblemen. Als »Naturtrieb, der allgewaltig, übermächtig nach Erfüllung verlangt«, wie Richard v. Krafft-Ebing Ende des letzten Jahrhunderts die Sexualität beschrieb, als eine Kraft, die impulshaft jederzeit Macht über uns gewinnen kann, ein wildes Tier, in uns eingeschlossen, gefährlich und ständig ausbruchsbereit – so erleben immer weniger Menschen die Sexualität. (Männer, muß ich sagen, denn Frauen hatten diese merkwürdige Auffassung selten oder bezogen sie nur auf die männliche Sexualität.) In unserer Jugendstudie schlägt sich diese Entwicklung auffällig nieder: Die klassische Pubertät des bürgerlichen Jungen, wie sie von Eduard Spranger und Siegfried Bernfeld wissenschaftlich oder von Hermann Hesse in seinen Pubertätsromanen literarisch beschrieben wurde, gibt es nicht mehr: das Erleben des plötzlichen Triebeinbruchs, der Kampf gegen sexuelle Impulse und Versuchungen, das lustvolle und zugleich angst- und schuldgeschüttelte Sichüberwältigenlassen im masturbatorischen oder verbotenen heterosexuellen oder homosexuellen Akt – und die differenzierten oder auch nur rührenden Sublimationsversuche wie Schwärmereien, gefühlsgeladene Tagebücher, Gedichte usw.[10] Als eine Lustmöglichkeit, die man aufsuchen kann, als eine Möglichkeit des Vergnügens erscheint immer mehr Menschen, auch Jugendlichen, die Sexualität, und sie sind enttäuscht, wenn ihr Gestimmtsein für dieses Vergnügen »zu gering« ist.

Abschied vom Trieb nahm auch die Wissenschaft[11]: vom Dampfkesselmodell, das (männliche) Sexualforscher, Psychologen und Psychoanalytiker so lange vertraten und demzufolge sich sexuelle Spannungen kontinuierlich aufbauen, als stünde ein Topf auf dem Feuer und als müsse der Dampf sich immer wieder ein Ventil verschaffen, damit der Kessel/der Mann nicht platzt (im Triebdurchbruch, in der sexuellen Impulshandlung) oder ausbeult (im neurotischen Symptom). Dieses Triebmodell, das die Köpfe der Wissenschaftler und der gemeinen Männer zwischen 1850 und 1980 bewegte, verdankt sich den

Sexualverboten einer Verzichtmoral, dem Mangel an Befriedigung und dem Überschuß an Wünschen.

Nicht die »Natur« machte den (männlichen) Trieb »allgewaltig«, sondern der Konflikt zwischen Wunsch und Verbot, durch den das sexuelle Verlangen gezügelt, weggedrängt, zu einem fremden Teil wurde. Dieses Fremde, Abgespaltene war der Trieb, bedrohlich und von unheimlicher Anziehungskraft. Um sexuelle »thrills«, besonders intensive sexuelle Wünsche und Erlebnisse oder erotische Anziehung, zu erklären, machen Wissenschaftler *heute* etwas sehr Merkwürdiges, wie im Kapitel über die Perversionen noch zu zeigen sein wird. Sie erklären die Intensität sexuellen Verlangens und sexueller Erfahrungen durch nichtsexuelle Spannungen, durch die Vermengung sexueller Erregung mit Angst, Wut, Haß und Triumph. Die Kraft der Sexualität fließt, dieser Auffassung zufolge, aus nichtsexuellen Affekten, nicht mehr aus dem »Trieb«.

Ohne Mangel gibt es kein Trieberleben und keine Trieblehre. Wenn Warenproduzenten zu Warenkonsumenten werden, die keinen Mangel leiden, dann ändern sich eben auch Affekte und Sinnlichkeit profunde. »Der postmoderne Körper«, sagt Zygmunt Bauman, »ist zuallererst ein Empfänger von *Erregung*, die er aufsaugt und verdaut«, er ist also kein Sender von Triebimpulsen. »Seine Fähigkeit, sich stimulieren zu lassen, macht ihn zum Instrument der Lust«, nicht der Trieb. Der Trieb wollte beruhigt, das Bedürfnis gestillt werden, Ruhe und Stille machten die Befriedigung aus. Heute wird, wie wir schon sahen, der schöne bedürfnislose Zustand, »der Zustand der Spannungslosigkeit zum Alptraum«. Bauman beschreibt dies sehr einfühlsam: »Spannungen wollen wohlüberlegt ausgewählt sein, um ihr berauschendes Potential bis zum letzten auskosten zu können... Die Frage ist nicht, wie Spannungen (zu) vermeiden (sind), sondern wie eine durch eine andere, passendere (zu) ersetzen (ist).«[12]

Unter den heutigen gesellschaftlichen Bedingungen sind Menschen, die dem frühbürgerlichen triebentsagenden Charakterideal entsprechen, nicht mehr so gefragt. Eher braucht man heute Menschen, die empfindsam sind für das »erstbeste oder erstschlechteste Zwitschern« jedes Wunsches oder Appetits.[13] So treten wir zur Sexualität in ein Verhältnis wie zu einer Erlebnisware, also wie zu Unterhaltung, Zerstreuung, Reisen, Sekten, Psychoangeboten. Auch zu Kindern scheinen wir immer stärker ein solches Verhältnis zu entwickeln. »Kinder machen Spaß« hieß es in einer Kampagne (1990) der Bundesregierung für Kinder, und die Riesenplakate zeigten einen glücklichen Vater oder eine glückliche Mutter mit einem noch glücklicheren Kind. Abgesehen davon, daß dieser Slogan falsch oder eine Viertelwahrheit ist, Kinder auch Sorgen machen, einschränken und anbinden, Widersacher sind, werden sie hier angepriesen über die schönen Gefühle, die sie den Eltern machen sollen, eben als Erlebnisversprechen.

Der Sozialcharakter des angepaßten Menschen in den westlichen Gesellschaften ist durch sexuelle Freizügigkeit gekennzeichnet. Sexuelle Freizügigkeit hat den Hauch von Subversion, den sie in der frühbürgerlichen Gesellschaft hatte, verloren; sie ist längst staatstragend. Denn, wie Aldous Huxley sagt: »In der ›Schönen Neuen Welt‹ werden die Menschen dadurch kontrolliert, daß man ihnen *Vergnügungen* zufügt.«[14] Philosophen und Sozialwissenschaftler haben dies immer wieder beschrieben: Herbert Marcuse analysierte schon in den fünfziger Jahren die manipulative Integration der Sexualität im Spätkapitalismus und ihre Verharmlosung als gesunde, erholsame, vergnügliche Angelegenheit durch den Prozeß der »repressiven Entsublimierung«;[15] für Günther Anders geht gesellschaftliche Kontrolle, »die Freiheitsberaubung... als Lustlieferung vor sich«;[16] Helmut Dahmer spricht davon, daß Loyalität nun »permissiv erzeugt« wird;[17] nach Jean Baudrillard ist die »Austreibung des Begehrens durch seine übertriebene Inszenierung... sehr viel wirksamer als die der guten alten Unterdrückung durch das Verbot«;[18] und für Zygmunt Bauman ist die »Fremdbestimmung, die durch den Zwang einst offenkundig war, ... heute hinter Verführung« verborgen.[19]

Sexuelle Liberalisierung und Überflußgesellschaft gehören strukturell zusammen. Das ist auch der Grund dafür, warum die Krankheit Aids in erstaunlich geringem Maße dazu genutzt wurde und wird, Sexualrestriktionen politisch durchzusetzen. Natürlich sah die sexuelle Restauration ihre Stunde gekommen und versuchte, die Krankheit als moralische Panik zu nutzen (»Rache der Natur«, »Strafe Gottes«). Doch diese Versuche waren von wenig Durchsetzungskraft. Die offiziellen Aufklärungskampagnen trugen und tragen unverkennbar sexualliberale Züge. Nur ein Beispiel für viele: In Hamburgs U-Bahnen konnte man vor einiger Zeit ein Plakat lesen, auf dem, Wagen für Wagen, folgendes stand: »Manche mögen's heiß. Aber mit Kondom!« Und mancher Sechsjährige, des Lesens gerade kundig, wird seine Eltern in interessante Gespräche über diesen Slogan verwickelt haben. Solche Kampagnen wollen nichts verbieten. Sie wollen Verantwortung erotisieren, Verhandlungsmoral stärken.

5

Das Alltägliche
an sexuellen Störungen

Die bisherigen Kapitel handelten davon, wie weitgehend Sexualität, Intimes, ohne daß wir es so recht merken, kollektiv ist. Die Auffassung, »nach der die sexuellen und affektiven Regungen uns ganz persönlich gehörten«, ist, wie Volkmar Sigusch sagt, »eine Fiktion«.[1] Doch diese Regungen gehören uns auch, *auch* ganz alleine, das Sexualleben eines Mannes oder einer Frau ist bei aller Vergesellschaftung und Uniformierung immer auch einmalig, einzigartig.

Wie sexuelle Eigenart entsteht – Vorlieben für besondere Praktiken und Gewohnheiten, Neigungen zu bestimmten Menschen, in die man sich verliebt oder von denen man sich erotisch besonders angezogen fühlt, sexuelle Abneigungen, sexuelle Phantasien usw. –, läßt sich am Beispiel sexueller Störungen besonders gut nachvollziehen; denn sexuelle Störungen sind nichts anderes als sexuelle Eigenarten oder Besonderheiten, die als »gestört« definiert, in scheinbar homogene Gruppen sortiert und mit gleichmachenden Etiketten versehen werden, zum Beispiel »Erektionsstörungen«, »Orgasmusstörungen«, »Vaginismus«, »vorzeitige« oder »verzögerte Ejakulation«, »Lustlosigkeit«.

Unsere Probleme mit dem Liebesleben hat der Schriftsteller Harold Brodkey in seinem Roman »Profane Freundschaft« in drei kurzen Sätzen prägnant beschrieben (Wissenschaftler füllen damit ganze Bücher): »Es ist unerträglich, ungeliebt zu sein; es ist unerträglich, halbherzig geliebt zu werden; noch unerträglicher ist es, heftig geliebt zu werden.«[2] Was macht die Liebe so schwer erträglich? Sigmund Freud benannte 1910 eine Eigenschaft der Sexualität, die der Schlüssel zum Verständnis sexueller Probleme, der Unerträglichkeit der Liebe ist. »Die Sexualität«, sagte er bei einer Diskussion der Wiener Psychoanalytischen Vereinigung, »gehört zu den gefährlichsten Betätigungen des Individuums.«[3] Freud dachte bei diesem Satz nicht an ansteckende Krankheiten; er befürchtete auch nicht, wie noch viele seiner Zeitgenossen, daß sexuelle Betätigung zum Verfall körperlicher und geistiger Kräfte führe; er zielte mit seiner Aussage auch nicht in erster Linie darauf ab, daß auf dem Felde der Sexualität der Konflikt zwischen Individuum und Gesellschaft, Trieb und Kontrolle besonders heftig zum Ausbruch kommt oder zum Ausbruch kam. Freud dachte an die komplexe und risikoreiche sexuelle Entwicklung des Individuums.

Warum ist diese Entwicklung risikoreich? Weil die Sexualität Erfahrungsbereiche umfaßt, in denen Menschen besonders verwundbar und verletzbar sind. Sexualität ist ein *Bedürfnis* – und konfrontiert jeden von uns mit alten, biographisch alten, »Triebängsten«, also mit Gefahren und Enttäuschungen, die ein Mensch im Zusammenhang mit seinen Bedürfnissen (Wärme, Nahrung, Zuwendung, Zärtlichkeit, Angenommenwerden usw.) von frühauf erfährt, also mit der Angst, enttäuscht zu werden, vernachlässigt zu werden, unbefriedigt zu bleiben, seinen Wünschen ohnmächtig ausgeliefert zu sein, nie genug zu bekommen.

Sexualität vollzieht sich, real oder in der Phantasie, in *Beziehungen* – und konfrontiert jeden von uns mit alten Beziehungsängsten, also mit Furcht vor Trennung, Verlassenwerden, Vereinnahmtwerden, vor Abhängigkeit und Autonomieverlust. Und

Sexualität machen wir als Mann oder Frau, als Geschlechtswesen, egal ob wir hetero- oder homosexuell sind, und sie konfrontiert jeden von uns mit den Unsicherheiten und Brüchen des Geschlechtsgefühls als Mann oder als Frau. Alte Erfahrungen und Ängste aus unserer individuellen *Bedürfnisgeschichte, Beziehungsgeschichte* und *Geschlechtsgeschichte* werden also jederzeit wachgerufen durch Sexualität, sind unentwirrbar mit ihr verknäuelt. *Das* macht Sexualität zu den »gefährlichsten Betätigungen des Individuums«.

Jeder Mann, jede Frau muß diese Gefährlichkeit oder auch Unerträglichkeit handhaben, mit seinen oder ihren Ängsten umgehen, sie abwehren, wie der psychoanalytische Terminus heißt, und die sexuellen Störungen sind nur eine Form, eine besonders auffällige Form dieser Abwehr. Die Alltagssexualität umfaßt unauffälligere oder für unauffällig gehaltene Abwehrformen, solche, die weniger stören oder als weniger störend gelten.

Ich will das pars pro toto am Beispiel der Beziehungsängste konkreter machen. Jede sexuelle Partnerschaft mobilisiert die Beziehungskonflikte eines Menschen. Jeder muß in seiner Partnerschaft mit aufreibenden Zwiespälten umgehen: Wieviel *Nähe* kann man ertragen, ohne Angst, sich zu sehr einzulassen, zu angewiesen, zu verletzbar zu werden; braucht man so viel *Distanz*, daß man sich verlassen, einsam oder von Trennung bedroht fühlt? Wieviel eigene *Schwäche* kann man zulassen, ohne zu befürchten, ausgeliefert und schutzlos zu sein, zerstört zu werden; braucht man so viel *Stärke*, Überlegenheit, daß die Beziehung nicht mehr gleichwertig ist und der Partner nicht mehr geachtet und anerkannt werden kann? Wieviel *Abhängigkeit* kann man zulassen, ohne seine Selbstbehauptung zu verlieren, sich hilflos, gefesselt, unselbständig zu fühlen; braucht man so viel *Autonomie*, daß es schwer wird, sich mit dem anderen verbunden, vertraut, zusammengehörig zu erleben? Nähe und Distanz, Stärke und Schwäche, Abhängigkeit und Autonomie – diese Beziehungskonflikte, die allgemein sind, deren Akzentuierung aber biographisch bestimmt ist, bestimmen auch unser sexuelles Verhalten, unsere sexuellen Wünsche, unsere sexuellen Phantasien – und auch unsere sexuellen Störungen und Probleme, kurz: sexuelle Besonderheit.

Eine Fallskizze soll das verständlicher machen: Eine Frau beklagt sich darüber, daß ihr Mann den Geschlechtsverkehr eher routiniert, rituell und auch schnell erledige. Er berichtet, daß er keine Schwierigkeiten damit habe, er sehr zufrieden sei. Er falle nach dem Geschlechtsverkehr blitzartig in einen Tiefschlaf. Ihm mache nur zu schaffen, daß *sie* darunter leide, sich verlassen fühle. Aber sie sei überhaupt sehr klagsam, er schmuse ihr zuwenig, rede ihr zuwenig. Er habe sie sehr gern, möge zum Beispiel überhaupt nicht, wenn sie abends einmal weggine oder gar für einige Tage verreise; er fühle sich dann ganz alleine, er brauche sie um sich herum wie Hintergrundmusik – aber das brauche doch nicht gleich in Gespräche und Zärtlichkeiten auszuarten. Der Abwehrcharakter seiner Sexualität wird deutlich: Er arrangiert Sexualität und Beziehung so, daß er Nähe und Intimität niedrig dosiert, *er* unabhängig von seinen Wünschen scheint – sie will scheinbar immer mehr von ihm als umgekehrt; auch dem Geschlechtsverkehr, der »Vereinigung«, muß er sich schnell entziehen und in den Schlaf flüchten.

Das Paar präsentiert übrigens in pointierter und extremer Ausfaltung ein typisches Muster heterosexueller Beziehungen. Ein Detail, das eigentlich nebensächlich ist, in der klinischen Betrachtung aber eine unglaubliche Bedeutung erlangt, habe ich bisher verschwiegen: Der Mann berichtet auch über einen schnellen Samenerguß, er hat seinen Orgasmus unmittelbar nach dem Eindringen in die Scheide – und auch dies macht ihm wenig aus. Die Diagnose »Ejaculatio praecox«, die Experten ein wenig wichtigtuerisch und verdinglichend gerne stellen, reduziert die sexuelle Besonderhcit dieses Mannes, seine Abwehrform, die sein gesamtes Liebesleben durchzieht, auf ein faßbares, quasi körperliches Symptom. Dabei ist dieses Symptom nur das Tüpfelchen auf dem »I« – und es wird deutlich, wie schmal der Grat ist, zwischen dem, was »klinisch auffällig« und »klinisch unauffällig« genannt wird.

Die sexuelle Entwicklung steckt also voller Risiken und Gefahren, weil die Bereiche, um die es dabei geht – Bedürfnisse, Beziehungen, Geschlechtsgefühl – riskant sind. Keiner entgeht diesen Risiken, und jeder trägt seine Verletzungen davon. Sexualität konfrontiert unausweichlich mit diesen Verletzungen, da die biographischen Ängste und Konflikte hier, in der Sexualität, neu aufleben und dann umgangen, kompensiert und durch sexuellen Verzicht vermieden werden. Sexualität, sagt Eberhard Schorsch, ist immer beides zugleich: »Wunscherfüllung (und) Angstabwehr und -bewältigung.«[4] Wenn man das so begreift, kann man verstehen, daß Sexualität zentral mit Konflikten zu tun hat, »mit Angst verschwistert ist«.[5] Die kollektive Verdrängung dieser Tatsache führt zu einem gespaltenen öffentlichen Bewußtsein. Einerseits gibt es das Bild von Sexualität als harmlosem Vergnügen, als Spaß, Harmonie befördernd, Frieden, Verständnis, Zusammenhalt stiftend, voller kuscheliger Orgasmen und Geborgenheit, als Metapher für Glück; andererseits das Bild von Sexualität als Mißhandlung und Gewalt, als Vehikel für Aggression und Unterdrückung, als Metapher für Destruktion und Verderben.

Sexualität ist nur in ihren Abwehrformen denkbar, als Kompromiß, der dem Verlangen *und* der Gefahr gerecht werden muß, und diese Kompromisse führen oft, vielleicht sogar meistens, zu einem verqueren, reduzierten oder verkümmerten Sexualleben, auch dann, wenn sie nicht als »klinische Störung« faßbar sind. In Psychotherapien zeigt sich oft, wie mit einem Symptom, einer sexuellen Störung, das gleiche erreicht, die gleiche Abwehrleistung erbracht werden kann wie mit einer scheinbar intakten Sexualität – mit Orgasmusstörungen, vorzeitiger Ejakulation, Impotenz also das gleiche wie mit Orgasmuserleben, »regelrechter« Ejakulation bzw. Potenz. Ein Beispiel dafür:

Ein dreißigjähriger Mann, der seit drei Jahren mit seiner gleichaltrigen Freundin zusammenwohnt, hat wegen einer Erektionsproblematik nur wenige Male Geschlechtsverkehr mit ihr haben können. Das Paar hat sich im letzten Jahr, zunehmend enttäuscht und entnervt, von jeder sexuellen Betätigung, Zärtlichkeit und körperlichem Kontakt zurückgezogen. In der Therapie wird deutlich, daß die Erektionsstörung, aus der Biographie des Mannes verständlich, eine aggressive und feindselige Abkehr von der Frau ist, eine Vermeidung von Intimität, Körperkontakt und Zärtlichkeit. Zum Erstaunen des Mannes, der Frau und der Therapeuten ist die Erektionsproblematik schon nach wenigen Therapiesitzungen behoben; doch zugleich wird klar, daß der Mann nun den erigierten Penis, den »Phallus« als Distanzwaffe benutzt; hatte er sich die Frau vorher mit seiner Erektionsschwäche vom Leib gehalten, so tut er dies nun mit seiner Potenz: Er ist mit seinen Gedanken nur bei seinem phantastischen Penis, so daß der Kontakt zu seiner Frau zusammenbricht; er besetzt seinen Phallus so sehr mit Stolz und bewundert seine Potenz derartig, daß die Frau nur noch Kulisse seiner narzißtischen Inszenierung ist – worauf sie verständlicherweise mit Wut und Lustlosigkeit reagiert. Die Nähe »normaler« und »gestörter« Sexualität wird daran noch einmal deutlich.

Wenn wir die Konflikthaftigkeit der Sexualität, ihre Verschwisterung mit Angst, ernst nehmen, dann ist zu fragen: Welche Angst mildert, welche Funktion hat das Symptom für die Konfliktminderung, welchen »Sinn« hat die Störung. So gesehen sind sexuelle Störungen quälend *und* stabilisierend zugleich. Doch sexuelle Probleme haben nicht nur eine Funktion für das seelische Gleichgewicht des oder der Betroffenen, sie haben auch eine Funktion, einen »Sinn« für die Partnerschaft. Und auch dies haben sie gemein mit den klinisch nicht für auffällig gehaltenen sexuellen Besonderheiten eines Paares, mit seinen »sexuellen Stilbildungen« wie Hans Giese es nannte.[6] Einige partnerdynamische Prozesse, die bei sexuellen Störungen und in der ganz alltäglichen Sexualität zu beobachten sind, möchte ich nun beschreiben:

Der »ungestörte«, symptomfreie Partner kann ein Interesse an der Störung des anderen haben, seine Probleme *delegieren*. Er oder sie braucht die Störung des anderen, um eigene Probleme zu kaschieren, zum Beispiel die Angst vor Hingabe, vor zu enger Bindung, vor eigenen sexuellen Schwierigkeiten. Eine Frau, deren Mann Erektionsprobleme hat oder eine schnelle Ejakulation, findet eine plausible Erklärung für ihre Orgasmusschwierigkeiten oder ihre Lustlosigkeit, sie tritt ihre Probleme sozusagen an den Partner ab und erspart sich die beunruhigende Konfrontation mit den eigenen Sexualängsten. Das – unbewußte – Interesse eines Mannes am Problem seiner Freundin kann daraus resultieren, daß eine sexuell zurückhaltende Frau seine Potenz nicht in Frage stellt, nie verlangen wird, was er nicht kann. Ihr sexuelles Problem dient der Beschwichtigung seiner Potenzängste, ihre Fessel wird zu seiner vermeintlichen Freiheit. Ihre sexuelle Ablehnung oder Unlust steigert zudem womöglich sein sexuelles Verlangen: Er denkt ständig an das, was ihm verweigert oder selten oder wenig begeistert zugeteilt wird, und er fühlt sich dadurch – paradoxerweise – als besonders leidenschaftlich und potent.

Die sexuelle Störung kann ein stillschweigendes, unbewußtes *Arrangement* zwischen den Partnern sein, das beiden und ihrer Beziehung nützt. Männer vaginistischer Frauen (Frauen mit einem Scheidenkrampf, der den Geschlechtsverkehr unmöglich macht) sind oft besonders friedlich, sanft, zartfühlend, bis zur Selbstaufgabe rücksichtsvoll, sexuell unerfahren. Diese Frauen und ihre Männer wählen sich offenbar unbewußt, weil sie mit dieser Partnerwahl ihre mit der Sexualität verbundenen Ängste vermeiden können, vor allem ihre Ängste vor der »penetrativen« Sexualität, die als aggressiv, bemächtigend und destruktiv erlebt oder phantasiert wird. Es kommt zu einem regelrechten Komplott zur Umgehung des Geschlechtsverkehrs. Da jeder Partner dem anderen seine Angst abnimmt, fühlen sich beide in ihrem sexuellen Problem beieinander aufgehoben, und es entsteht oft ein stabiler und durchaus befriedigender Status quo, der nicht selten über Jahre hinweg eine harmonische, auch sexuell aktive und lustvolle – Geschlechtsverkehr ausgenommen – Partnerschaft ermöglicht.

Ein sexuelles Arrangement ohne manifestes Symptom findet man auch in Beziehungen von Partnern, die sich eher ein Geschwister als einen Liebhaber oder eine Geliebte suchen, einen Mann oder eine Frau, mit dem oder der sie eine vertraute, familiäre Beziehung haben können, in der Sexualität stillschweigend und von Anfang an eine ganz untergeordnete Rolle spielt. Ihre gemäßigte, kommode Sexualität erspart ihnen wechselseitig die Konfrontation mit sexuellen Gefahren. Partnerdynamik beginnt mit der Partnerwahl; viel öfter, als man denkt, suchen sich Partner nach dem geheimen Plan, daß sie sexuell *nicht* besonders interessant – also nicht besonders beunruhigend – füreinander sind.

Die sexuelle Störung kann *gegen den Partner gewendet* werden und untergründige Feindseligkeit ausdrücken. Diese geschieht besonders oft in Beziehungen, in denen die Partner Auseinandersetzungen und Konflikte hinter einer Fassade von Harmonie verstekken und ersticken. Sexuelle Störungen sind dann ein subtiles Vorenthalten von Lust, ein Ausdruck, nicht zu lieben oder geliebt werden zu wollen, das Verwehren der sexuellen Selbstbestätigung des Partners oder der Partnerin, die Verunsicherung seiner oder ihrer Gewißheit, ein guter Liebhaber, begehrenswert zu sein, eine Verletzung und Kränkung. Machtausübung oder sich Macht auch nur zu widersetzen sind eine verwandte Funktion sexueller Störungen. Bei der ungleichen Machtteilung zwischen den Geschlechtern sind sexuelle Schwierigkeiten oft eine der wenigen Möglichkeiten der Frau, sich gegen den Mann zu behaupten, eine der wenigen treffsicheren Möglichkeiten, sich zu widersetzen. Sexuelle Wünsche, sexuelles Erleben würden das Gefühl ihrer Machtlosigkeit nur noch verstärken, kämen der Aufgabe der letzten Bastion von Autonomie gleich. Aber natürlich werden Machtanspruch und Feindseligkeit nicht nur durch sexuelle Probleme und Verweigerung ausgedrückt, sondern, vor allem von Männern, auch durch sexuelle Aktivität und Potenz, durch sexuelle Forderungen, die jeder Zärtlichkeit entbehren und deren Hauptziel Durchsetzung und Unterwerfung ist.

»Beim Liebemachen wehren wir die Liebe ab«, sagt der Psychoanalytiker Michael Lukas Moeller,[7] das heißt: Um die Liebe *erträglicher* zu machen, schützen wir uns vor intensiven Gefühlen durch Dämpfung der Lust, Beschneidung von Hingabe und Heftigkeit, durch ritualisierte und routinierte sexuelle Gewohnheiten – und machen sie damit zugleich *unerfüllt*, also

»*unerträglich*«, um auf Harold Brodkey zurückzukommen. Ein vertrackter Prozeß. Abgewehrte Liebe läßt sich auch an den Perversionen studieren. Doch sie lehren noch etwas anderes: Sexuelle Konflikte und Traumen können Sexualität nicht nur hemmen und abblocken; sie können auch erotisieren, Verlangen und Lust anstacheln und entflammen. Von diesen erotisierten Formen der Abwehr handelt das nächste Kapitel.

6

Perversionen

Ein pädophiler Mann – knapp vierzig Jahre alt, ledig, Archivar in einer westdeutschen Großstadt[1] – konsultiert unsere Abteilung, weil er wegen sexueller Handlungen mit Kindern straffällig geworden ist. Sein sexuelles Verlangen und seine Wünsche nach Zuneigung, so berichtet er, sind ausschließlich auf Jungen in der Vor- und Frühpubertät gerichtet, auf etwa Elf- bis Vierzehnjährige. Seit dem Jugendalter hat er mit Hunderten von Jungen erotische und sexuelle Kontakte gehabt. Er geht in die Parks der Stadt, gesellt sich zu Jungen, die dort spielen, fachsimpelt mit ihnen über Sport, Mountainbikes, Videofilme, Autos, kurz über Interessen, die Jungen dieses Alters haben – und ist auf all diesen Gebieten sehr kenntnisreich. Er nimmt auch an den Spielen der Jungen teil, fußballert, radelt, schwimmt mit ihnen, tollt herum – verhält sich so, als sei er einer von ihnen und ist glücklich, wenn einer der Jungen sagt: »Du bist ja gar nicht wie ein Erwachsener.«

Im Zusammenhang mit diesen Spielen versucht er, sexuelle Kontakte aufzunehmen: Er zeigt den Jungen seine Kamera und versucht, sie dazu zu bewegen, sich halbnackt oder nackt fotografieren zu lassen, gelegentlich bietet er ihnen dafür auch Geld; er pinkelt mit den Jungen das gemeinsame Lagerfeuer aus; er arrangiert Kitzelspiele, in denen es darum geht, wer sich am längsten, ohne zu lachen, von ihm kitzeln läßt; und er versucht, die Jungen zu streicheln, ihr Genitale zu sehen und anzufassen; sich selber stimulieren zu lassen ist von untergeordnetem Interesse für ihn. Die Handlungen bewegen sich auf dem Niveau präpuberaler gleichgeschlechtlicher Spiele unter Jungen, so als wolle er ein Stück versäumter Entwicklung nachholen. Er respektiere die Grenzen, die die Jungen setzen, lasse von ihnen ab, wenn sie Ablehnung oder Unwillen bekundeten; denn das alles mache ihm nur Spaß, wenn die Jungen es auch wollten. Es ist erstaunlich, wie leicht es dem Mann fällt, soziale Kontakte zu Jungen zu knüpfen und diese auch auf sexuelle Kontakte auszudehnen. Die Erklärung ist einfach: Er nähert sich den Jungen als älterer Junge und wird in dieser Rolle des bewunderten Älteren, die er anstrebt, offenbar auch akzeptiert.

Daneben gibt es sehr viele intensivere Kontakte, die allerdings selten bleiben: In diejenigen Jungen, die eine bestimmte Ausstrahlung für ihn haben, die »klug, charmant, bezaubernd« sind, wie er sagt, verliebt er sich. Wenn er einen solchen Jungen sehe, der seinem Ideal entspreche, dann sei das wie eine »Flutwelle, die mich hinwegspült«. Es laufe dann alles darauf hinaus, das Genitale des Jungen allmählich kennenzulernen, so als liege dort ein Geheimnis, das er unbedingt aufdecken müsse. Sein größter Wunsch, das Ziel bei diesen »idealen Jungen« sei, Mundverkehr zu machen, so daß er den Penis und möglichst auch den *ersten* Samen des Jungen in sich aufnehmen könne. Das sei bisher nur einige Male möglich gewesen, immer mit Jungen, zu denen er eine längere Beziehung hatte.

In seinen erotischen Tagträumereien und Phantasien spielt diese Thematik eine große Rolle. Doch jedesmal habe sich nach dem überwältigenden Erlebnis Enttäuschung eingestellt, so als habe er das Geheimnis nicht lüften können. Die Jungen seien danach wie entzaubert, nach der »genitalen Offenbarung« werde alles profan, der ideale Junge sei dann zwar immer noch hübsch und nett, aber »das Magische ist weg« – und er müsse weitersuchen. Mit der Justiz ist er erstaunlich selten, lediglich zweimal, in Konflikt gekommen; einmal vor fünfzehn Jahren und einmal kurz vor dem Gespräch mit mir, und zwar wegen der Kontakte im Park. Beide Male reagierte er mit Selbstmordversuchen, die er knapp überlebte. Er fühlte sich durch die Anzeige und die polizeiliche Vernehmung entwertet, mißverstanden, ausgestoßen, als Kinderschänder denunziert.

So viel zum Erscheinungsbild, das beim Leser und bei der Leserin vermutlich eine Palette unterschiedlicher, widerstreitender Affekte auslöst: Fassungslosigkeit, Empörung und Abscheu; Sorge um die Jungen und Fragen nach den Folgen dessen, was man heute sexuellen Mißbrauch nennt; Ekel und Bestrafungsimpulse, das heißt der Ruf nach Verwahrung, medikamentöser Behandlung oder Psychotherapie; Mitleid mit einem Verirrten; vielleicht auch Gelassenheit und die Meinung, man sollte doch den Mann und die Jungen untereinander ausmachen lassen, was geschieht und was nicht; und vieles mehr. Lernen kann man aus der Geschichte zunächst aber folgendes:

Perversionen sind nicht einfach ungewöhnliche Vorlieben, zum Beispiel die Vorliebe für Kinder bei Pädophilen, die Vorliebe für Leder, Dessous oder Stiefel bei Fetischisten, die Vorliebe fürs Vorzeigen der männlichen Genitalien bei Exhibitionisten. Die meisten Perversionen sind vielmehr starre Rituale, durch die ein ganzes Interaktions- und Bedingungsgefüge hergestellt werden muß, damit Lust und Orgasmus erlebt werden können. Bleiben wir bei der Fallgeschichte: Der Archivar muß sich den Jungen als Junge nähern, von ihnen als besonders toller Gleicher anerkannt werden; trifft er dabei auf einen Jungen, der besondere Eigenschaften hat und seinem Ideal entspricht – schön, charmant, glücklich, unversehrt im

Grunde –, dann kommt es zum allmählichen Kennenlernen, genauer: zur schrittweisen Eroberung des Genitals, an dessen Ende die Fellatio und der erste Samen stehen oder stehen sollen.

Dies ist eine innerlich vorgeschriebene, festgezimmerte Handlungskette. Die meisten Perversionen sind solche ausgefalteten, hochindividuellen – keine gleicht der anderen – Rituale. Es sind sexuelle Inszenierungen wie nach einem inneren Drehbuch. Oft erinnern solche Handlungen an Träume, gelegentlich auch an Alpträume, die nicht geträumt, sondern gemacht, gelebt, in die Tat umgesetzt werden. Die begleitenden Affekte – sexuelle (Verlangen, Erregung, Orgasmus) und nichtsexuelle (Glück, Haß, Wut, Angst, Triumph) sind dabei von einer eigentümlichen Intensität, bis hin zu ekstatischen Zuständen.

Die *Mächtigkeit* perverser Impulse und die *Bedeutung* solcher agierten Träume muß man verstehen, will man der Perversion näherkommen. Ich möchte die Dramaturgie sexueller Perversionen anhand der Fallgeschichte aufzeigen, nehme das Ergebnis aber schon einmal vorweg: In perversen Handlungen und Phantasien wird ein zentraler seelischer Konflikt des Betroffenen verschlüsselt dargestellt – verschlüsselt wie im Traum – und scheinbar kurzfristig gelöst oder gemildert.

Um das nachvollziehen zu können, müssen wir einiges aus der Biographie des Archivars erfahren, zumindest gerafft. Der Patient wurde als drittes Kind seiner Eltern geboren, die sich noch vor seiner Geburt scheiden ließen. Der Vater erkannte die Vaterschaft nicht an, mit dem Vorwurf, die Mutter sei promisk. Nach ihm bekam die Mutter noch sieben Kinder, »alle von anderen Vätern«, wie der Patient meint. Alle diese Geschwister wurden zur Adoption freigegeben, er hat sie nie kennengelernt. Er habe darunter gelitten, daß oft fremde Männer in der Wohnung gewesen seien und er dann weggeschickt wurde. Seine Mutter sei eine »Amihure« gewesen. Die Großmutter lebte im Haus der Mutter. Die vielen Streitereien zwischen Mutter und Großmutter über die Männergeschichten der Mutter führten zu einem Zerwürfnis.

Als er drei Jahre alt war, zog die Großmutter aus und nahm ihn mit, da die Mutter drei Kinder nicht versorgen konnte. Der Kontakt zu Mutter und älteren Geschwistern, an denen er sehr hing, brach praktisch ab. Zur Großmutter entwickelte sich ein sehr nahes und zugleich äußerst spannungsreiches Verhältnis, sie war in seiner Phantasie Retterin und Entführerin zugleich. Er hing an ihr und hatte immer das Gefühl, für sie dasein zu müssen, etwas leisten zu müssen für ihre Liebe. Sie war oft abweisend. Für Unarten bestrafte sie ihn tagelang mit Wortlosigkeit. Er erlebte diese Kontaktabbrüche als sehr quälend, sie machten ihn hilflos und verzweifelt. In der Pubertät wandte er sich von der Großmutter abrupt ab, spürte seinen Haß auf sie stärker, terrorisierte sie und wurde gelegentlich sogar handgreiflich.

In der Gruppe der Gleichaltrigen war er von Anfang an isoliert und wenig respektiert (ganz anders als jetzt im Park unter den halbwüchsigen Jungen). Mit vierzehn Jahren verliebte er sich in einen Zwölfjährigen. Er sah diesen Jungen, die erste Inkarnation des »idealen Jungen«, auf der Straße, schön, liebenswert, wie er und dessen Mutter zärtlich miteinander waren, und es wurde ihm klar, wie sehr dieser Junge gemocht wurde, intakt, unversehrt war. Dieser Junge hatte offenbar alles, was ihm fehlte, war ein glücklicher Junge. Er schwänzte die Schule, um dem Jungen heimlich nachzustellen. Das Ganze endete im Desaster. Einen Liebesbrief, den er seinem Angebeteten schrieb, als er endlich die Adresse herausgefunden hatte, fing dessen Vater ab und stellte ihn grob zur Rede. Der Vater übergab den Brief der Großmutter, die ihn zusammen mit dem Brief zum Psychiater schleppte. Er war tief beschämt und verletzt. In der Schule wurde er wegen seines fortgesetzten Schwänzens gehänselt und gedemütigt. Dem Jungen, der das größte Wort dabei führte, lauerte er eines Nachmittags auf und stach ihn rücklings nieder. Der Junge war erheblich verletzt. Er selbst kam für ein Jahr in ein Heim, beging dort seinen ersten Selbstmordversuch.

Diese Facetten seiner Lebensgeschichte sollen genügen. Vielleicht ist jetzt schon zu erkennen, wieso die pädophilen Handlungen des Archivars eine konfliktbewältigende Funktion haben. Zentral für das Verstehen der sexuellen Auffälligkeit sind seine Entwertungsgefühle, seine Überzeugung, ungeliebt zu sein und nicht geliebt werden zu können – von der Mutter vernachlässigt und weggegeben; mit der Großmutter in der hochambivalenten Beziehung lebend; ohne männliche Bezugsperson aufgewachsen; von den Gleichaltrigen isoliert und verachtet.

Die Entwertungsgefühle schlagen sich nieder in einem ausgeprägten Haß auf sich selbst, der sich in einem Abscheu vor seinem Körper – zu klein, zu behaart, schiefstehende Augen usw. – materialisiert. Die Jungen, die ihn faszinieren, strahlen alles aus, was er nicht hat: Schönheit, sie werden geliebt und wissen das, sie fühlen sich etwas wert, sie können bezaubern und andere für sich einnehmen, sie können glücklich sein. Die Sexualität mit diesen Jungen ist der Versuch, sich mit den Glücklichen zu identifizieren; sie entsprechen seinem Ich-Ideal, das er mit dem Schlucken ihres Samens in sich quasi installieren will. Perversionen sind Plomben für narzißtische Lücken, wie der Schweizer Psychoanalytiker Morgenthaler es einmal formulierte.[2] Bei den Kontakten im Park ist er der Anführer, der bewundert wird, der er früher gerne hätte sein wollen.

Die unbewußte Bedeutung des sexuellen Aktes – die Wiedergutmachung seiner Beschädigung – macht die Intensität des sexuellen Erlebens aus. Der Orgasmus ist bei den männlichen Perversionen nicht nur Ejakulation, sondern, wie der Psychoanalytiker Robert Stoller es einmal formulierte, »ein größenwahnsinniger Ausbruch von Freiheit«,[3] nicht nur sexuelle Reaktion, sondern die kurzfristig erlebte triumphale Aufhebung seiner tiefen Beschädigung. Die sexuelle Befriedigung hat mit der Entladung sexueller Energie, mit Triebentladung nur wenig zu tun. Lust wird zum Bollwerk gegen Angst, Verzweiflung, Entwertung und Zerstörung. Allerdings ist der Archivar realistisch genug zu sehen, daß es illusionär ist, durch die sexuellen Kontakte zu Kindern ein anderer zu werden, als er ist. Deshalb erlebt er nach dem rauschhaften Akt der Fellatio Enttäuschung. Aber es bleibt die verzweifelte Hoffnung, daß es mit einem anderen Jungen so etwas wie Erlösung geben könnte.

So wie ich es an diesem Beispiel versucht habe, lassen sich alle Perversionen entschlüsseln, oft in einem langwierigen, mühsamen therapeutischen Prozeß des Verstehens. Immer zeigt sich, daß perverse Handlungen eine schöpferische, kompensatorische, das psychische Gleichgewicht wiederherstellende Leistung des Ichs sind, ein Selbstrettungsversuch des Individuums, und daß sie auf eine vertrackte Art und Weise einen Rest an Liebes- und Beziehungsfähigkeit bewahren und retten. Der Begriff »Perversion« bezeichnet sexuelle Vorlieben, die diese Funktion haben; die wissenschaftliche Definition der Perversion zielt also auf die psychische Dynamik, die hinter dem Verhalten steht. Deshalb halte ich an dem belasteten Begriff »Perversion« fest und spreche nicht von »abweichendem« oder »deviantem Verhalten«, Begriffe, die an einer sozialen Norm und nicht an einem psychischen Prozeß orientiert sind.

Da Perversionen von Ängsten und Konflikten gespeist werden, sind sie oft voller Haß und Feindseligkeit – in unserem Fallbeispiel dem Haß auf sich selbst und dem Haß auf entwertende, vernachlässigende Personen der Biographie. Wut und Feindseligkeit werden auch deutlich an der Phantasie des Archivars, über solche Jungen, die er früher nicht erreichte, nun verfügen zu können; und in der »Entzauberung« der Jungen nach dem Erreichen des sexuellen Ziels liegt auch die triumphale Feststellung, daß die »idealen« Jungen auch nur »einfache« Jungen sind, nicht besser als er selber, die langweilig werden, denen er sich entziehen kann. Weil Haß und Feindseligkeit eine solche Rolle spielen, bezeichnet Stoller Perversionen als *erotische Form von Haß*.[4] Dies macht einige Perversionen gefährlich; für den Betroffenen, wenn sich der Haß in Selbstaggression und Selbstzerstörung äußert, oder für andere, wenn der Haß nach außen gewendet wird.

Perversionen im bisher beschriebenen klassischen Sinn als sexualisierte, mit Erregung und Orgasmus einhergehende kurzfristige Konfliktlösungen sind eine Domäne des Mannes, auf zehn männliche Perversionen, so schätzt man, kommt eine weibliche. So gibt es Sadomasochistinnen, auch Fetischistinnen gelegentlich; aber von Exhibitionistinnen, Transvestitinnen, Voyeuristinnen hat man nichts gehört. Eine erotische Fixierung auf Kinder, wie bei der männlichen Pädophilie, gibt es bei Frauen vermutlich ebenfalls nicht, auch wenn Frauen auf Kinder erotisch reagieren können und es gelegentlich auch zu sexuellen Handlungen zwischen Frauen und Kindern kommt.[5] Kurzum, solange als Kriterium der Perversion gilt, die sexuelle Inszenierung endet mit dem Orgasmus, das heißt beim Mann mit der Präsentation des Phallus und der Ejakulation, dann sind Perversionen bei Frauen extrem selten. Doch die Psychoanalytikerin

Louise Kaplan hat darauf hingewiesen, daß diese Sicht sehr männerorientiert ist;[6] und in der Tat findet man viele »erotische Formen von Haß« bei Frauen, bei denen der Triumph nicht im Orgasmus endet, sondern gerade im Verweigern des Orgasmus, im Sichbeweisen, auf Sexualität verzichten zu können.

Auch hierzu eine Fallvignette, nur zur Illustration. Eine Frau – Anfang Vierzig, verheiratet, mit zwei halbwüchsigen Töchtern – entwickelt in einer schweren Depression ein blutiges Selbstverstümmelungsritual, durch das sie sich für kurze Zeit vital und lebendig fühlt und währenddessen sie stark erregt und orgastisch ist. Dies ist eine klassische, mit Erregung und Orgasmus einhergehende perverse Reaktion. Im Verlauf der Therapie kann sie die Verstümmelung aufgeben und entwickelt eine Zeitlang folgende Gewohnheit:

Sie geht in ein Café, sucht einen Tisch, an dem ein Mann, der ihr gefallen könnte, sitzt, fragt, ob sie Platz nehmen dürfe. Beim Kaffee sagt sie dem Mann ganz unvermittelt, daß sie Geschlechtsverkehr mit ihm haben möchte. Sie muß ein Gespür für Männer haben, die sich auf so etwas einlassen (vielleicht gibt es auch viele Männer, die sich gerne darauf einlassen oder nicht zu widersprechen wagen), denn die meisten gehen mit ihr. Sie besteht darauf, in *deren* Wohnung zu gehen. Kurz vor dem Geschlechtsverkehr, wenn sie sich überzeugt hat, daß der Mann sehr erregt ist und sie begehrt, verläßt sie unter dem Vorwand, noch einmal ins Bad zu müssen, leise und heimlich die Wohnung – und ist außerordentlich befriedigt. Sie hat sich bestätigt, daß sie unabhängig von einem Mann oder von der Befriedigung ihrer Wünsche ist; andere wollen was von ihr, sie will nichts, sie ist ihrer Wünsche »Herr«, sie wird nicht »gekriegt«.

Der Triumph, für Stoller zentrales Kennzeichen der Perversionen, liegt in der Verweigerung der Sexualität, nicht im Orgasmus. Zu Recht weist Kaplan darauf hin, daß Perversionen, so verstanden, auch Karikaturen traditioneller Geschlechtsrollen, Geschlechtsrollenparodien sind: Der Mann muß phallisches Gehabe inszenieren, die Frau ihre Tugendhaftigkeit.

Was kann man aus dem Studium der Perversion über die »normale« Sexualität lernen? Stoller ist dieser Frage am konsequentesten nachgegangen.[7] Wenn die Intensität sexueller Reaktionen bei den Perversionen durch nichtsexuelle Affektspannungen – Konfliktlösung, Angstüberwindung, Triumph, Haß, Rache – erklärt werden kann, so ist zu fragen, ob dies nicht überhaupt für besonders intensiv erlebte Sexualität gilt, also für Erlebnisse, die besonders anrührend, erschütternd, explosiv, leidenschaftlich, kurz: besonders erotisch sind. Stoller kommt zu dem Schluß, daß heftige erotische Erlebnisse gleichsam in verdünnter Form eine ähnliche Dynamik wie die Perversionen haben. »Perverse Mechanismen« sind besonders deutlich an sexuellen Phantasien und Tagträumen zu erkennen, die immer, wie die Perversionen, ein geheimes inneres Drehbuch haben. Um ein Beispiel zu geben:[8]

Eine Frau stellt sich vor, ein Vertreter komme an die Tür, um ihr eine Versicherung zu verkaufen. Sie lasse ihn reden und beginne, sich selbst zu streicheln, genieße, wie der Mann um Fassung ringe, sein Verkaufsgespräch mühsam fortsetze; sie fange an, sich zu entkleiden, provoziere weiter, bis der biedere Mann seine Beherrschung verliere und sich auf sie stürze. Sie ist dabei (in der phantasierten Szene) sexuell ganz unbeteiligt; Erregung und Orgasmus erlebt sie, wenn sie bei der Masturbation ihre Phantasie »heimlich« beobachtet. Der Wunsch, den Mann gegen seinen Willen außer sich zu bringen, wird in Szene gesetzt, die eigene unwiderstehliche Anziehung (die die Frau vielleicht tief innerlich bezweifelt) und die Macht und Kontrolle über den anderen in sexuellen und Liebessituationen (in denen sie sich vielleicht völlig ohnmächtig fühlt) werden triumphierend genossen.

Aus diesen Überlegungen lassen sich Prozesse ableiten, die zum Verständnis der Perversion ebenso bedeutsam sind wie für das Verständnis erotisch besonders intensiver Erlebnisse oder Phantasien:

Erstens, das Hin- und Herschwingen zwischen Erwartung und Gefahr und Überwinden von Gefahr, das Eingehen eines – wenn auch kalkulierten – psychischen Risikos, die Suche nach »kontrollierter Ungewißheit«[9] steigert sexuelle Erregung. (Risiko und Gefahr sind dabei oft nur aus der Biographie des Individuums zu verstehen.) Die Frau zum Beispiel, die die Männer im Café aufliest, setzt sich der Gefahr aus, von diesen sexuell attackiert zu werden, wenn sie ahnen, was sie vorhat; und sie riskiert, in der sexuellen Situation doch ihre eigenen Wünsche zu spüren und ihnen ausgeliefert zu sein. Diese Dynamik macht übrigens auch sexuell stimulierende Vergewaltigungsphantasien verständlich, über die einige Frauen berichten. Eine solche Frau setzt sich der Angst und dem Entsetzen aus und weiß zugleich, daß sie *nicht* die Frau in den phantasierten Bildern ist, sondern daß sie in Sicherheit ist und sich den Bildern jederzeit entziehen, sie abstellen kann. Sie nimmt durch die Phantasie ihre Angst sozusagen in die eigene Hand, in die eigene Regie und versucht, indem sie die Kontrolle des Geschehens übernimmt, die Angst vor gewalttätiger Unterwerfung zu bewältigen.

Zweitens, im Spannungsfeld von Angst und Triumph wird Sexualität zum Kampf. Das Leitthema der Dramaturgie sexueller Erregung ist deshalb für Stoller Feindseligkeit. Perversionen sind, wie wir sahen, erotische Formen von Haß. Doch auch in der »normalen« Sexualität ist ein »whisper of hostility«, ein »Hauch von Feindseligkeit« Stimulans sexueller Lust.[10] Die Frau mit der Vertreterphantasie will den Mann außer sich bringen, ihn ihrer Ausstrahlung unterwerfen, sich mächtig, ihn ohnmächtig machen; die Frau aus dem Caféhaus triumphiert mit ihrer Unberührbarkeit über den Mann, der seinem Verlangen nach ihr ausgesetzt ist.

Das Verstehen der Perversionen ermöglicht einen neuen Zugang zum Verständnis dessen, was wir Erotik nennen. Erotik, intensives Begehren und Erleben, ist ohne Risiko, ohne Angst, ohne Feindseligkeit, ohne Rache, ohne Triumph, ohne Kampf – zumindest in Spuren – nicht denkbar, ohne sie resultiert Gleichgültigkeit und Langeweile im Sexuellen. Harmonie ist ein Feind der Leidenschaft. Dieses Bild von Erotik, von intensiv erlebter Sexualität ist schockierend und zeigt zugleich, daß die Vorstellung einer pur zärtlichen, friedfertig-lustvollen Sexualität irreal, ja beinahe asexuell ist. Vermutlich aber ist das Wesen der Erotik durch die perversen Mechanismen allein nicht zu erklären; schließlich sind auch die Perversionen nicht nur Haß und Feindseligkeit, sondern auch eine Rettung von Liebes- und Beziehungsfähigkeit.

So versuchte Eberhard Schorsch, das Stollersche Konzept von Lust und Erregung, das er zu sehr von der Perversionsforschung geprägt sah, zu erweitern. Stoller übersehe, daß in der Sexualität nicht nur Traumen und Ängste wieder aufleben, sondern auch frühe Zustände von Glück und Erfüllung. »Sexuelle Lust ist nicht nur Umwandlung von Trauma in Triumph, sondern zugleich auch die momentane symbolische Erfüllung von Sehnsüchten nach infantiler Vollkommenheit, die in der Regression des Orgasmus flüchtig wieder auflebt.«[11]

Dennoch: Gesellschaftlich besonders hoch und niedrig Bewertetes – Erotik und Perversion – beruhen auf ähnlichen Mechanismen: auf der Dynamisierung der Sexualität durch nichtsexuelle Affekte; oder, paradoxer und provokanter formuliert, auf der erotisierenden Kraft, die seelische Traumen und Konflikte haben können.

7

Sexuelle Langeweile

Das Erscheinungsbild sexueller Probleme hat sich in den letzten beiden Jahrzehnten drastisch verändert. Landauf, landab, in allen westlichen Industriegesellschaften vermelden diejenigen, die sich mit Beratung und Behandlung sexueller Störungen befassen, eine starke Zunahme der Klage: »Ich habe keine Lust.« Bei den Frauen, die unsere Abteilung wegen sexueller Probleme aufsuchen, stieg der Prozentsatz der Lustlosen von knapp zehn % Mitte der siebziger Jahre auf knapp 60% heute. Bei den Männern ist der Anstieg weniger dramatisch, aber deutlich, von etwa fünf % auf 15%. Diese Frauen und Männer erleben ihre mangelnde Lust als Störung, als eigenes Versagen.

Doch sexuelle Langeweile, das Fehlen oder Versickern sexuellen Verlangens oder das Zurückbleiben der Stärke und Buntheit sexueller Wünsche hinter den eigenen Erwartungen ist längst massenhaft zu einem Problem geworden, das viele Menschen bewegt, die gar nicht daran denken, deswegen professionelle Hilfe zu suchen. Individuelle und kollektive Ursachen sexueller Langeweile will ich nun untersuchen und zeigen, daß auch dieses sexuelle Phänomen »uns ganz persönlich gehört« und zugleich gesellschaftlich bestimmt ist.

Auf den ersten Blick scheint es so, als seien von der Lustlosigkeit vor allem Frauen betroffen: Von den Patienten, die uns wegen Lustlosigkeit konsultieren, sind drei von vier Frauen. Doch diese Zahl täuscht. Denn offenbar wird sexuelle Verödung in heterosexuellen Beziehungen sehr oft mit geschlechtsspezifisch verteilten Rollen dargestellt: Wenn die *Frau* die Öde spürt und sozusagen für beide »übernimmt«, dann kann der *Mann* die Öde verleugnen; *sie* verweigert, *er* kann erobern, Hindernisse überwinden, verführen, und er wird sein Verlangen weiterhin mächtig erleben. *Er* konsumiert die Frigidität der Frau, die eigentlich eine gemeinsame ist, wie ein Aphrodisiakum und sichert so zugleich seine sexuelle Überlegenheit und Potenz; *sie* sichert sich das Gefühl, ständig begehrt zu werden. Potent zu sein und begehrt zu werden – konventionelle geschlechtstypische Träume – konserviert die Lustlosigkeit, die so verteilt ist.

Deutlich wird die rollenverteilte Lustlosigkeit in Paartherapien, wenn das sexuelle Verlangen des Mannes, seine scheinbar ständige Bereitschaft, sich in dem Maße relativiert, in dem die Frau zu ihren Wünschen (zurück)findet. Der Mann ist dann oft irritiert, unzufrieden, obwohl er nun häufiger mit seiner Frau schläft; sie ist verwundert, wo sein »allgewaltiger Trieb« und das ständige Begehrtwerden, ihr Sex-Appeal geblieben sind. Die gemeinsame sexuelle Langeweile ist nun wieder gerecht verteilt. Lernen kann man daraus: Es gibt selten nur *eine* Lustlose oder *einen* Lustlosen in einer Beziehung; meistens gibt es zwei, aber nur einer merkt es, dank oder undank der partnerdynamischen Bearbeitung des Problems. Und: Lustlosigkeit ist viel weniger geschlechtstypisch verteilt, als es zunächst erscheint.

Die *partnerdynamische* Perspektive der Lustlosigkeit habe ich damit angesprochen, natürlich nicht erschöpft. Drei weitere Perspektiven des klinisch-psychologischen Problemverständnisses, die sich keineswegs ausschließen, will ich nun skizzieren: das kausale, das finale und das feministische Verständnis.

Das *kausale* Problemverständnis stellt das Leiden des oder der Betroffenen in den Vordergrund. Lust und Verlangen zu empfinden sind der Frau oder dem Mann unmöglich, *werden nicht gekonnt*. Sexuelle Lustlosigkeit ist sexuelle Ohnmacht. Zur Illustration eine Fallvignette: Eine Frau – Mitte Dreißig, zehn Jahre verheiratet, eine neunjährige Tochter – hat in ihrem Leben nur einmal Geschlechtsverkehr gehabt: kurz nach der Heirat, sie war dabei betrunken und wurde schwanger. Sie lehnt Geschlechtsverkehr, Zärtlichkeiten, Berührungen vehement ab, so als hätte sie alle Wünsche in sich verschlossen und abgeriegelt. Der Mann respektiert dies, das Paar lebt eine körperlose Beziehung, aber man gewinnt schnell den Eindruck, daß die Ehe für beide existentiell wichtig ist. Aus der Vorgeschichte wird deutlich, daß die Patientin sehr früh überzeugt war oder wurde, daß sie nie etwas bekommen, nie versorgt werde – sie war emotional und im Hinblick auf die Befriedigung ihrer Bedürfnisse schwer vernachlässigt worden – und daß es für sie nur eine Überlebensmöglichkeit gab: ihre Wünsche an andere Menschen nicht wahrzunehmen, sie zu ersticken und damit einen Teil ihrer Lebendigkeit abzutöten. Ihre Lustlosigkeit ist Teil der Wunschabwehr, ein besonders schützender Umgang mit den eigenen »gefährlichen« sexuellen Bedürfnissen.

Natürlich ist diese kausale Symptomauffassung einseitig und für sich genommen zu eng. Wir werden sofort nach der Rolle des Mannes, zum Beispiel nach der Ursache seiner unendlichen Geduld fragen, also Partnerdynamik untersuchen. Und wir werden überlegen, ob hinter der Lustlosigkeit der Frau nicht auch ein heimlicher Triumph steht, nämlich über alle Versucher und Versuchungen, über alle Verführer und Verführungen in Unabhängigkeit und Unansprechbarkeit zu siegen.

Dieser Aspekt bringt uns zum *finalen* Problemverständnis, das den Symptomgewinn in den Vordergrund stellt, die produktive und asoziale Seite der

Lustlosigkeit. Sie wird nicht so sehr als Leiden, sondern als Tat gesehen. Der oder die Lustlose ist in erster Linie Täter und nicht Opfer, Lust und sexuelles Verlangen werden *nicht gewollt*, »not wanting to want«, wie David Schnarch es ausdrückt.[1] Lustlosigkeit ist Macht, nicht Ohnmacht. Die Fallskizze der Caféhausbesucherin aus dem letzten Kapitel ist auch hierfür ein gutes Beispiel: Die Frau, die in ein Café geht, sich zu einem Mann an den Tisch setzt, der ihr gefällt, und den Mann auffordert, mit ihr zu schlafen. Sie geht mit dem Mann in dessen Wohnung, läßt sich auf ein heftiges Liebesspiel ein, aber kurz vor dem Geschlechtsverkehr, wenn sie sich begehrt fühlt, verläßt sie heimlich und triumphal die Wohnung. Sie ist autonom, nicht abhängig von ihren Wünschen wie der Mann, nicht ausgeliefert. Zweifellos ist dies kein typisches Beispiel für Lustlosigkeit, aber es ist ein Beispiel für die Dynamik von *Verweigerung*, die nach dem finalen Verständnis zentral ist für sexuelle Unlust.

Das *feministische* Problemverständnis geht vom gesellschaftlichen Machtgefälle zwischen Männern und Frauen aus sowie von der damit verbundenen Definitionsmacht der Männer, auch im Sexuellen, und der realen Gewaltnähe der Mann-Frau-Beziehung. Diese auf der Hand liegenden Aspekte finden in der klinischen Betrachtung in der Tat erstaunlich wenig Berücksichtigung. Margret Hauch hat die Auswirkungen des Geschlechterkampfes auf die konkrete Beziehung wiederholt analysiert.[2] Lustlosigkeit der Frau ist danach oft nichts anderes, als »daß *sie* keine Lust auf das hat, was *er* will«. Lustlosigkeit ist dann kein klinisches Symptom und schon gar kein Defekt, sondern ein »einigermaßen gut getarnter Widerstand (im alltäglichen, kämpferischen Sinne des Wortes, G. S.) gegenüber Erwartungen des Partners oder auch normativen Ansprüchen der Frau an sich selbst«, doch gefälligst bereit zu sein, also Widerstand im Sinne eines »*so nicht*«.[3] Sexualität wird vermieden, da sie als Zielscheibe männlicher Dominanz und Aggression erlebt wird, als Vollzugsort weiblicher Unterwerfung – und viele Männer meinen das ja auch so.

Solche Überlegungen sind wichtig und laufen zugleich Gefahr, durch die Übertragung gesellschaftlicher Machtverhältnisse auf ein Paar die Machtverhältnisse des *Paares* undialektisch zu vereinfachen. Die Frau, die »so nicht« sagt, aber gelegentlich, zum Beispiel weil sie die Maulereien des Mannes mit ihr oder den Kindern fürchtet, dem sexuellen Drängen des Mannes nachgibt, fühlt sich zweifellos zum Objekt gemacht, benutzt. Der Mann auf der anderen Seite fühlt sich heute – im Zeitalter streng geforderter mutueller Befriedigung – gedemütigt, ohnmächtig: *Er* ist seiner sexuellen Bedürftigkeit ausgeliefert, unbeherrscht in seiner Gier, von ihrer widerwillig zugestandenen sexuellen Versorgung abhängig, nicht in der Lage, *sie* zu begeistern. Er setzt zwar seinen Willen durch (gelegentlich), aber zum Preis der eigenen Entwertung, er macht sich zum »Bettler«. Die Frau weiß vermutlich um diese Demütigung, auch hier liegen Geschundensein und Triumph nahe beieinander.

Die bisherigen klinisch-psychologischen Erörterungen führen uns nun kaum weiter, wenn wir der Frage nachgehen wollen, wie es zu der eingangs beschriebenen drastischen Zunahme von Patienten und Patientinnen kommt, die über sexuelle Lustlosigkeit klagen, und warum sexuelle Langeweile über den klinischen Rahmen hinaus zu einem kollektiven Problem geworden ist. Vier Thesen zu diesen Fragen biete ich an und greife dabei auf sozialpsychologische Überlegungen zurück, die ich in den ersten Kapiteln dieses Buches ausgeführt habe.

Erste These: Die Emanzipation schafft den Freiraum für Lustlosigkeit. Es bedurfte einer Zunahme an Autonomie und Selbstbewußtsein von Frauen, um sich den Freiraum für das Symptom »Lustlosigkeit« zu erobern. Ohne diesen Freiraum gibt es gequälte Partizipation beim Geschlechtsverkehr und die Flucht in funktionelle Störungen, also in Orgasmusstörungen, Erregungsstörungen oder Schmerzen beim Geschlechtsverkehr. Die Lustlosigkeit, zumindest viele ihrer Formen, ist demgegenüber ein Fortschritt an Offenheit, ein Fortschritt an Genauigkeit der Benennung und ein Fortschritt an Bewußtheit.

Vice versa gilt das übrigens auch für Männer. Jüngere Männer ersparen sich zunehmend die Impotenz, weil sie merken und sich eingestehen, daß ihr Verlangen in der Beziehung erloschen ist; sie brauchen die »erektile Dysfunktion«, wie es heute schmallippig heißt, nicht mehr, um ihr Problem, die sexuelle Langeweile, auszudrücken. Die Loslösung von Geschlechtsrollenklischees – hier vom Klischee, demzufolge der Mann unabhängig von Gefühlen und Konflikten in allen Situationen zu funktionieren hat, diese verrückte männliche Utopie des von der Seele befreiten Phallus –, die Loslösung von diesem Klischee schafft die Freiheit zur Lustlosigkeit, auch beim Mann.

Zweite These: Moderne Beziehungsstrukturen machen die »natürliche« Lustlosigkeit schwer erträglich. Hinter der Psychologisierung der Lustlosigkeit, die sich in den oben angestellten Betrachtungen über die vier Perspektiven des Problemverständnisses niederschlägt, steckt die ebenso verbreitete wie naive und zeitgemäße Annahme, daß jedes Paar auf Dauer leidenschaftlich sich begehren und sexuell erfüllen könnte oder sollte, zumindest dann, wenn neurotische Hemmungen beseitigt, destruktive Paarmechanismen behoben und die Ungleichheit der Geschlechter überwunden wären. Diese moderne Beziehungskonzeption macht, wie wir sahen, Paaren sexuelle Leidenschaft beinahe zur Pflicht (vgl. Kapitel 3). Sie entstand, als mit dem Verlust materialer existentieller Aufgaben der Familie – zunächst im Produktionsbereich, dann im Versorgungsbereich und bei der Kinderaufzucht – Gefühle und Erotik immer mehr zum Inhalt und zum Siegel von Beziehungen wurden.

Der sexuelle Alltag, das ganz normale sexuelle Desinteresse von Menschen, die auch nach der Phase der Verliebtheit in einer intimen, nahen Beziehung leben, verunsichert, beunruhigt, entwertet heute Partnerschaft und Partner und wird oft zum Symptom. So ist heute für viele ein Zustand, nämlich Perioden sexueller Langeweile, unerträglich, ein Zustand, der eigentlich *fester* Bestandteil *fester* Beziehungen ist. Übersehen, vergessen wird, daß auch die Sexualität des Menschen eine »Periodizität« hat – keine biologische, sondern eine seelisch bestimmte – und sich, wenn es gutgeht, in festen Beziehungen (längere) Phasen sexueller Langeweile mit (kürzeren) Phasen erotischer Anziehung und sexueller Lust abwechseln können. Doch die Beunruhigung über die Langeweile läßt eine solche »Periodizität« erst gar nicht mehr entstehen.

Als *dritte These* zitiere ich noch einmal Jean Baudrillards Satz »*Nichts ist ungewisser als der Wunsch hinter den Wucherungen seiner Gestalten*«.[4] Prosaischer: Sexualisierung, also die Bilder, die Geschichten über Sexualität um uns herum, verspiegelt etwas Dahinterliegendes: die Entdramatisierung des Triebes, die Banalisierung des Sexuellen und die fortschreitende Rationalisierung und Bändigung der Sexualität (vgl. Kapitel 2). »Während früher das Fleisch dem Geist entgegenstand«, sagt André Glucksmann, »steht dem

Sex nichts entgegen. Er hat keinen Feind zu seiner Linken. Er hat keinen mehr zu seiner Rechten«,[5] und das macht ihn offenbar schwächlich. Wünsche, ganz generell, werden knapp, weil unter den Bedingungen der »Überflußgesellschaft« nicht die bedürfnisstillenden Mittel, sondern die Bedürfnisse begrenzt sind (vgl. Kapitel 4). Und so klagen Menschen heute weniger über quälende Triebspannungen, mit denen sie nicht wissen, wohin; ihnen wird zum Problem, nicht genug davon zu haben, sexuell nicht genug zu wollen, daß ihre Wünsche ungewiß werden.

Vierte These: Die Tabuierung der aggressiven Dynamik der Sexualität erstickt Erotik und Leidenschaft. Angesichts der offenen Gewalt, des Zwangs und der Ausbeutung, die vor allem im Zusammenhang mit männlicher Sexualität manifest werden, erscheint diese These auf den ersten Blick zynisch. Doch Sanktionen und Verbote, die mit der Gewalt- und Geschlechterdebatte offensiver und klarer formuliert werden (vgl. Kapitel 1), erstrecken sich keineswegs allein auf die intolerablen Formen sexueller Aggression, sie haben längst ganz allgemein, generalisiert, die aggressive Dynamik erreicht, bis hinein in die Phantasie. Der Unterschied zwischen dem Symbolischen und dem Konkreten, der Phantasie und Realität geht, wie Jessica Benjamin an der Pornographiedebatte belegt, verloren; aber »das Auseinanderfallen von Phantasie und Realität muß ernstgenommen werden«.[6]

Eine neue Konvention des Sexualverhaltens und -phantasierens zielt auf die »Reinigung« der Sexualität von ihren aggressiven Anteilen. »Sex«, so kritisiert Katie Roiphe die neue Konvention, »sollte sanft sein, nicht aggressiv; er sollte absolut gleichheitlich sein, Überwältigen und Sichüberwältigenlassen sollten nicht vorkommen; er sollte zärtlich sein, nicht ambivalent; er sollte Respekt kommunizieren, nicht der

Begierde dienen«.[7] Das Transgressive, Überschreitende soll beschnitten, das unberechenbar Wilde und Heftige gestutzt, die Lust auch am phantasierten, spielerischen Risiko verhindert, das Spiel mit Macht und Ohnmacht, Übergriff und Sichwehren beschränkt, die Lust am Überwinden und Überwindenlassen von Körpergrenzen betäubt, Ungewißheit gebannt, Auseinandersetzung vermieden, die Stollerschen »whispers of hostility« planiert werden. Die gegenwärtige Tendenz, die aggressive Seite der Sexualität zu verbieten, dieses neue Sexualtabu, ist ein neuer Weg, das Sexuelle einzufrieren. Sie führt »zur Verleugnung aller aggressiven Dynamik, ohne die Liebe weder zu denken noch zu erleben ist«.[8]

8

Pornographie und Phantasie

Auf Pornographie kann man wahrhaftig viele Blicke werfen – und dabei unterschiedliche Bilder einfangen. Andrea Dworkin schrieb Ende der siebziger Jahre ihr vehementes, leidenschaftliches Buch »Pornography. Men Possessing Women«, das die Pornographiedebatte auslöste. Darin heißt es: »Im männlichen System sind Frauen Sex; Sex ist die Hure, ... die wohlfeile Hure, die allen Männern gehört: Die Schlampe, die Möse. Pornographie zu kaufen, heißt sie (die Hure) zu kaufen, Pornographie zu haben, heißt sie zu haben; Pornographie zu sehen, heißt sie zu sehen, ...ihr Geschlecht, vor allem ihre Genitalien, ...die Hure beim Sex; Pornographie zu gebrauchen, heißt sie zu gebrauchen; Pornographie zu wollen, heißt sie zu wollen; die billige Hure zu sein heißt, Pornographie zu sein. «[1]

Jean Baudrillard scheint auf einem anderen Stern zu leben oder ein anderes Phänomen zu betrachten, wenn er in seinem Buch »Von der Verführung« sagt: »Im Porno uneingeschränkter Triumph des obszönen Körpers, (bis) hin zur Tilgung des Gesichts... Gewisse Filme sind nichts anderes als eine lautstarke Untermalung der Eingeweide in koitaler Großaufnahme: selbst der Körper ist aus diesen Filmen verschwunden, hat sich in die exorbitanten Einzelheiten zerstreut. Was für ein Gesicht auch immer, es wäre hier fehl am Platz... Der Sex wird vorgeführt, wie man ein Beweisdokument vorlegt... alles soll gesagt, akkumuliert, erfaßt, ausgewählt werden: so ist der Sex im

Porno beschaffen, aber so funktioniert allgemein betrachtet unsere ganze Kultur, deren natürliche Seinsform die Obszönität ist: eine Kultur des Zeigens, des Vorzeigens, der produktiven Monstrosität.«[2]

Zwei Aussagen, sehr kurze aus sehr langen Texten, die auf den ersten Blick *nichts* miteinander zu tun haben: Dworkin, die Frau, zielt auf die sexuelle Verfügung von Männern über Frauen in der Pornographie, skizziert Pornographie als Paradigma männlicher Sexualität, sexistischer Unterdrückung, Gewalt und Vernichtung. Baudrillard, den Mann, interessiert die Geschlechterfrage in der Pornographie bemerkenswert wenig; für ihn wird Pornographie zum Symptom einer die Sinnlichkeit und die Wirklichkeit des Menschen zerstörenden Gesellschaft, zum Paradigma einer hyperrealen, also pseudorealen Welt, der »Halluzination des Details«, wie Nachrichten im Fernsehen oder sonstwo.[3]

Beide Positionen, zusammen gesehen, sind auch ein frappierendes Beispiel dafür, wie geschlechtsgebunden sexualwissenschaftliche Thesen, Erkenntnisinteressen, Standpunkte sind, eine Illustration für die *Begrenzung* des geschlechtstypischen und für die *Chance* des doppelten Blicks (eine Chance, die in diesem Kapitel, in diesem Buch nicht wahrgenommen werden kann). Eines allerdings haben die Positionen Dworkins und Baudrillards gemeinsam: die Überzeugung, daß Pornographie ein Thema ist, an dem sich Generelles beobachten und erkennen läßt – wenn man sich von der überaus langweiligen und einengenden Frage befreit, ob sie stärker, als das bisher der Fall ist, zensiert, verboten, bestraft werden soll.

Pornographische Stücke sind Bild, Film, Text gewordene sexuelle Phantasien. In der Tat ist Pornographie nicht so konstruiert wie sexuelle Wirklichkeit. Das ist das letzte, was sie darstellen will, kein Mensch würde das kaufen. Da die Pornographie ein großes Publikum ansprechen will, bringt sie geheime kollektive Phantasien zur Darstellung, Phantasien, die weit über den Kreis der Pornographiekonsumenten hinausgeht. Das macht das Thema »Pornographie« brisant. Pornographische Stücke sind gesellschaftliche und psychologische Dokumente, die etwas über die sexuellen Verhältnisse in unserer Gesellschaft und in uns selbst aussagen.[4]

Welches sind die kollektiven sexuellen Phantasien in der Pornographie? In der Pornographie schlingt die Sexualität auf »kannibalische Weise«, wie Susan Sontag sagt, alle Erscheinungen in sich hinein.[5] Die Welt besteht aus nichts anderem als aus Sexualität. Immerwährende Begierde, unstillbare Lust, verfügbare Sexualobjekte, die immer zu allem bereit sind oder bereit gemacht werden, permanenter Genuß. Es ist wie im Schlaraffenland, in dem man ißt und trinkt, trinkt und ißt, aber – und das ist das sehr moderne Ideal (vgl. Kapitel 4) – ohne daß Hunger und Durst nachlassen. Der Orgasmus reizt nur die Lüsternheit nach dem nächsten, Wünsche werden nicht knapp.

Das wäre auch schlimm, wenn das Bedürfnis ausginge, denn in Pornotopia, wie Steven Marcus die Welt der Pornographie nennt,[6] leben die Menschen nur, solange sie geil sind oder geil machen. Ein sexuell Befriedigter oder gar ein sexuell Bedürfnisloser wären chronische Störenfriede, notorische Querulanten in Pornotopia. In der Pornographie wird Sexualität zu einem Bild für die totale Ware: Sie wird ständig verbraucht, und da ihr Konsum keine absatzmindernde »bedürfnislose« Zeit schafft, wird sie auch ohne Unterlaß produziert. Stellte Pornographie vor hundert Jahren die bürgerliche Ethik auf den Kopf und hielt der Moral von Verzicht, Haushalten und Askese triumphierend die verpönte Welt des

Überflusses entgegen, so ist ihre Konsumorgie heute den sozioökonomischen Überflußverhältnissen nur noch konform.

Das ist die eine Seite: nicht enden wollende Lust, das falsche Versprechen, Wünsche seien unerschöpflich. Und die andere: Pornographie zeigt – mal unumwunden, mal verdeckter – eine durch und durch unfriedliche Sexualität, sie steckt voller Gemeinheit, Feindseligkeit, Brutalität, Demütigung, Rache, sexistischer Bilder; sie inszeniert fortwährend Unterwerfung und Beherrschung, Kampf um die Kontrolle des Partners ist ähnlich wie die Perversionen »eine erotische Form von Haß«. Die Inszenierung von Kampf, Macht und Unterwerfung ist konstituierend für Pornographie, sexuelle Bilder und Geschichten ohne diese Ingredienzien können nie pornographisch sein. So ist *Sadomasochismus* das eigentliche Thema der Pornographie, auch wenn – wie in der Überzahl pornographischer Werke – Fesseln und Peitschen nicht vorkommen und auch keine physische Gewalt. Natürlich gibt es in Pornostücken brutale Gewalt bis hin zu Vergewaltigung, Verstümmelung und Mord; aber in der Mainstream-Pornographie, die vor allem angeboten und konsumiert wird, hält sich, wie Adrienne Göhler und Margret Hauch hintersinnig feststellen, »die Gewalt an Frauen... in den Grenzen der alltäglichen heterosexuellen Bezüge«.[7]

Opfer des sadomasochistischen Arrangements sind auf den ersten Blick immer die Frauen. Der Körper der Frau wird mit dem zur Waffe gewordenen Penis durchgewalkt und durchgeschüttelt; Frauen stöhnen vor Lust *und* Gefügigkeit; Lust, die sie oft gegen ihren Willen überkommt, die Männer mit ihrem Willen bewirken – das ist die phantasierte Macht der Männer in der Pornographie. Natürlich machen sie den Männern angst, diese unersättlichen Frauen, aber die Pornographie besänftigt diese Angst mit der tröstlichen Botschaft, daß er, der Mann, diese Unersättlichkeit zündelt – und mit dem stereotypen männlichen Happy-End pornographischer Werke, »und er befriedigt sie doch«.[8]

Fetischisierung gehört zum sadomasochistischen Arrangement, also die Degradierung des anderen zur Unperson, zur Figur. Strümpfe, Dessous, hochhackige Stiefel, man könnte den Eindruck gewinnen, zwei völlig nackte Menschen wären für die Bewohner Pornotopias geradezu ein Schock. Der Oberfetisch ist der Penis, und da der Mann mit ihm bekleidet ist, kann er auf Dessous verzichten. *Anonymität* schließlich gehört in diese fetischistisch-sadomasochistische Welt. Lust ist nur mit Fremden möglich, kein Liebespaar liebt sich hier in Pornotopia; es kommen nur Menschen vor, die nichts miteinander zu tun haben. Ein heißer Augenkontakt auf der Straße – in der nächsten Szene sieht man das Paar beim Geschlechtsverkehr. Sehen, sich verfallen, sich lösen oder voneinander abprallen – das ist das Drehbuch.

Sadomasochismus, Fetischisierung und Fremdheit: richtet sich das alles nur gegen Frauen? Beim Ansehen eines typischen Videos befallen mich Zweifel: Ein Mann, verbissen um seine Erektion kämpfend, eine Frau, um die Darstellung von Ekstase ringend; beide schinden sich, das »klaffende« und das »erektile Organ« unter Verrenkungen so zu positionieren, daß die Kamera drauf- und reingucken kann, dem »Ultimatum des Vorzeigens« nachzukommen.[9] Ein hirnlos Rammelnder und eine besinnungslos Stöhnende, sexistische, triviale Geschlechtsrollenclowns. Frauen degradiert zu dümmlich lüsternen Gestalten, Männer degradiert, wie Claudia Gehrke sagt, »zum spritzenden Tier oder schlimmstenfalls (zum) vergewaltigenden Monster«.[10] Das sollen Patriarchen sein? Da kann man – guckt man sich die männlichen und weiblichen Protagonisten an – mit Eberhard Schorsch fragen:

»Ein Hemd und eine Hose kommen aus der Mangel; die Frage, ob das Hemd die Hose oder die Hose das Hemd plattgewalzt hat, ist einigermaßen absurd.«[11]

Mit Verve würde Andrea Dworkin, Original, Anstifterin und Vordenkerin der PorNo-Bewegung, solche Überlegungen zurückweisen, als verleugnend, gemeingefährlich. Für sie ist die Sache eindeutig, der Mann, die Männlichkeit, ist die Mangel, die alles plattwalzt. Für sie ist Pornographie ein *objektives, reales* Abbild des Geschlechterverhältnisses in dieser Gesellschaft, sie ist nicht Phantasie, sondern spiegelt Wirklichkeit. Deshalb sei männliche *Macht*, nicht Sexualität, das Hauptthema der Pornographie. Im männlichen Denken sei Sexualität der Penis, der Penis sei sexuelle Macht, sein Gebrauch »in fucking« sei Männlichkeit. Wenn Frauen in der Pornographie Gewaltsamkeit wollen und genießen – ein häufiges Thema in der Pornographie –, dann seien das eben keine Frauen, sondern Ausgeburten männlicher Phantasie.

Es ist für Dworkin männlicher Wahn und Machtanspruch in letzter Konsequenz, daß das, was die Männer wollen, in der Pornographie letztlich auch die Frauen wollen, daß sie dieses nur noch nicht wissen. Männlicher Zwang bis zur Vergewaltigung werde zynischerweise so dargestellt, als würde dadurch die schlafende Sinnlichkeit der Frau geweckt, ihre sinnliche Natur befreit werden. Dieses Konzept der masochistischen Frau sei die projektive Verleugnung des realen männlichen Sadismus. Für Dworkin wird ein Grundzug männlicher Sexualität in der Pornographie unverhüllt deutlich: Der Motor männlicher Sexualität ist Macht, Unterwerfung und Gewalt, nothing else. Damit ist sie dem Psychoanalytiker Robert Stoller nahe (vgl. Kapitel 6), der Feindseligkeit als Movens der Erotik ansieht, mit einem Unterschied: bei Männern und bei Frauen.

Dworkin liefert eine parteiische, polemische,

scharfsinnige Analyse des Verhältnisses von Sexualität und Macht bei Männern. Wie andere Feministinnen nach ihr bedient sie sich dabei eines taktischen Manövers, auf das Jessica Benjamin hingewiesen hat:[12] Sie negiert die Differenz zwischen pornographischen Bildern und realem Sexualverhalten, zwischen Phantasie und Realität: Wer durch Vergewaltigungsfilme erregt wird, will auch vergewaltigen. Das gab Dworkins Studie die nötige Eindringlichkeit und Brisanz, die es damals brauchte, um Gewalt und Sexismus in Pornographie und Sexualität, bis dahin grandios verleugnet, öffentlich zu machen. Doch indem Dworkin die Grenzen zwischen dem Symbolischen und Konkreten verwischt, errichtet sie politische und moralische Barrieren nicht nur gegen die Tat, sondern auch gegen die Phantasie.

Dworkins Antwort auf die Frage der Geschlechtsverteilung sexueller Macht ist einleuchtend und verzerrt zugleich. Sie betrachtet nur eine Seite der Münze, und die beschreibt sie genau, wenn auch grell und pointiert. Die andere Seite blendet sie aus. Frauen sind für sie immer Opfer. An keiner Stelle ihres Buches fragt sie, ob und wie Frauen auf Pornographie reagieren, so als gäbe es diese Reaktion nicht oder als seien sie nur Wut oder als sei schon die Frage nach solchen Reaktionen männliche Dreistigkeit.

Beim Anschauen pornographischer Werke erleben Männer *und* Frauen, wie Jessica Benjamin kürzlich beschrieben hat, »daß die Erfahrung von Erregung mit Widerwillen, von Faszination mit dem Bewußtsein von Verdinglichung und Erniedrigung koexistiert. Tatsächlich bemerkt jeder Beobachter, der in der Lage ist, den Konflikt zu tolerieren, irritiert die eigene erregte Reaktion auf Phantasien oder Bilder von Handlungen, die man in der Realität sehr wohl als geschmacklos, vielleicht angsterzeugend oder sogar traumatisch empfinden würde.«[13]

Diesen Konflikt bei Männern *und* Frauen haben unsere Studien schon in den siebziger Jahren ergeben, diese »Koexistenz« von Erregung und Widerwillen, Stimulation und Abscheu, sexueller Lust und Scham, Verlockung und Wut, Attraktion und Peinlichkeit.[14] Allerdings war der Konflikt bei Frauen schärfer akzentuiert als bei Männern. Ich vermute, daß wir heute andere Ergebnisse erhielten, weil die normative Pornographiedebatte es Männern wie Frauen schwerer macht, den Konflikt zu tolerieren, und die Tendenz verstärkt, diesen Konflikt zu verleugnen und zu verdrängen. Sie hat zu einer inneren Zensur der Reaktion auf pornographische Werke geführt – und vermutlich auch zu einer inneren Zensur sexueller Phantasien.

Die erotischen Arrangements zwischen Männern und Frauen mögen zwar männlich bestimmt, definiert sein, dennoch sind Männer *und* Frauen in sie verstrickt, und zwar als Subjekte, nicht nur als Täter und Opfer. Merkwürdigerweise hat gerade Andrea Dworkin diese Verstrickung in ihrem Roman »Eis und Feuer« sehr sensibel beschrieben, obwohl sie in der Pornographiedebatte so holzschnittartig argumentiert. Sie erzählt dort die folgende, scheinbar nichtsexuelle Geschichte, die der Dramaturgie pornographischer Stücke sehr verwandt ist. In einem Spiel von Jungen und Mädchen jagen die Jungen die Mädchen, fangen eine, binden ihr die Hände zusammen, stecken sie in einen hölzernen Korb und ziehen den Korb an einem Baum hoch; dort muß das Mädchen eine Weile bleiben. Dworkin beschreibt dieses Spiel folgendermaßen:

»Es begann immer in einem Anfall von Erregung. Jemand sagte, komm wir spielen Hexe ... Alle Augen blickten wild umher und suchten die Straße nach irgendwelchen Erwachsenen ab. Wir waren Komplizen in diesem Spiel. Wir wußten alle, daß wir nichts sagen durften. Keiner sprach jemals

über dieses Spiel oder erwähnte es, außer, wenn wir es spielen wollten. Die Jungen versammelten sich und zählten schnell bis zehn, denn es war ein heftiges Spiel: Die Jagd war wild und schnell, und sie mußte heimlich geschehen, und es mußte die Aufregung dabeisein, daß du beinahe geschnappt wurdest oder nur mit Mühe entkommen warst, und sie mußten die Möglichkeit haben, uns zu sehen und zu kriegen. Es war kein beharrliches Spiel wie Verstecken. Es war ein hitziges Spiel, und es begann mit einer fieberhaften Jagd der Jungen, und du selbst ranntest, so schnell und so sehr du konntest, aber du wolltest sie ebensosehr hinter dir halten, wie du nicht geschnappt werden wolltest, also mußtest du langsamer laufen, um in Sicht zu bleiben, und sie liefen in Zweier- und Dreiergruppen hinter dem einen oder anderen Mädchen her, und sie brachten eine zur Strecke, aber wenn sie nicht die war, die sie wollten, taten sie so, als sähen sie nicht, wie sie sich schließlich versteckte, oder sie kehrten plötzlich um und rannten hinter einer anderen her oder rannten in eine andere Richtung und taten so, als liefen sie hinter jemand anders her, und schließlich hatten sie immer alle dasselbe Mädchen eingekreist, für das sie sich entschieden hatten . . . Jedes Mädchen rannte für sich und überlegte, unabhängig davon, was die Jungen geplant hatten, ob sie gefangen werden wollte oder nicht: und was sie tun sollte, um gekriegt zu werden oder nicht gekriegt zu werden: und wollten die Jungen sie überhaupt? Es wurde zu einem Spiel langsamer Einsamkeit, stolpernden Alleinseins: atemlos, schwindelig hörte sie auf, fieberhaft zu rennen, und drehte sich um und sah, daß niemand sie jagte, niemand sie verfolgte. Hatte sie gewonnen, sie überlistet, war sie schneller gewesen, oder hatte sie verloren, und sie waren überhaupt nicht hinter ihr her gewesen? Sie konnte sich verstecken, sich an die Jungen heranpirschen, sie bluffen, indem sie sich zeigte, und dann würden sie sie jagen, und sie würde sie wieder abhängen, oder hatten sie es gar nicht versucht? Oder sie sah jemand von weitem, vielleicht einen halben Block entfernt, und der sah sie nicht, oder doch, und sie fing an, wie

93

verrückt zu rennen, und beglückwünschte sich, daß sie ent-
wischt war, oder etwa nicht?«[15]

Das ist ein erotisches Spiel für beide Geschlechter, obwohl Sexualität noch nicht vorkommt, ein Spiel um
Macht und um Sichwehren, um Entkommen und Ge-
faßtwerden, Begehrtwerden und Nichtbegehrtwer-
den. Die Jungen sind die Jäger, nie umgekehrt. Doch
eigentlich haben es die Mädchen in der Hand: schneller zu laufen, raffiniert sich zu verstecken. Aber das
würde für sie auch das Spiel beenden. Allerdings: Eine
schnappen sie immer, die ist dann aber auch auser-
wählt, so daß es irgendwie auch schade ist, entwischt
zu sein. Ein perfides Spiel der Jungen, könnte man sagen; aber die Jungen können es ohne die Mädchen
nicht spielen, ohne ihre *aktive*, konspirative Teil-
nahme wäre es langweilig. Die Geschichte beschreibt
prototypisch eine erotische Dramaturgie zwischen
Männern und Frauen, auch eine Dramaturgie, die wir
in der Pornographie finden.

Ein Thema, das in der Pornographie endlos abge-
handelt wird, ist folgendes: Eine betörende Frau tritt
auf, guckt, bewegt sich lasziv, entblößt ganz zufällig
Schulter oder Rücken, und die Männer dackeln hinterher, wie enthirnt, magisch angezogen, automaten-
gleich. So funktioniert in zahllosen pornographischen
Stücken die phantasierte Macht der Frauen: Männer
unterliegen der unwiderstehlichen, geheimnisvollen
Anziehung der Frauen, ob sie (die Männer) wollen
oder nicht; ihre (der Frauen) Attraktivität ist schla-
gend, ihrer Erotik ist nicht zu entkommen. Natürlich
ergibt sich die gefährliche Frau in der Pornographie
dem Mann, lustgeschüttelt. Aber dies kann man auch
anders sehen oder phantasieren: Ausgeliefert ist sie
durch die Stärke *ihrer* Begierde, ohnmächtig durch die
Macht *ihrer* Affekte, denen zum Vergleich die Emotionen des Mannes in der Pornographie merkwürdig

leblos, blaß, eher kläglich wirken – vermutlich, weil er seinen Penis angestrengt »bis zum bitteren Ende gebrauchen muß«.[16]

Sind Männer zu schwach, um sich leisten zu können, derartig die Kontrolle zu verlieren? »Wenn Frauen von Überwältigung träumen«, sagt Jutta Brückner, eine Berliner Filmautorin, »dann ist es nicht der Wunsch nach Vergewaltigung im dreckigen Hausflur, sondern der Wunsch nach Überwältigtwerden durch die *eigenen* Sinne.«[17] Durch die eigenen Sinne, nicht durch den Mann. Der männliche Betrachter wird das anders deuten, anders phantasieren, er wird sich einbilden, daß er das bewirkt. So liefert Pornographie Männern und Frauen unterschiedliche Projektionsschirme für ihre Machtphantasien und ihre »whispers of hostility«.

Dabei sind die Machtphantasien von Männern und Frauen »natürlich« unterschiedlich, wie das Beispiel zeigt: Die Männer bemächtigen sich der zum Objekt gemachten Frau, erobern phallisch zupakkend, auch gewaltsam; sie wollen die »gefährliche Natur« der Frau kontrollieren, unterwerfen; die Frau schlägt den Mann mit ihrer Ausstrahlung in Bann. Genauer hat diese geschlechtstypisch-geschlechtsrollenkonformen Unterschiede, die auch für die sexuelle Phantasie zutreffen, Eva Poluda-Korte beschrieben. »Während der Mann das sehend-begehrende Gegenüber der Frau bleibt, identifiziert sich die Frau mit ihrem begehrten Körper, ohne den Mann selbst besonders als Objekt zu besetzen, und projiziert ihr eigenes Begehren in den Sexualpartner mit der männlichen Rolle.« Der weibliche Körper sei »das Lustobjekt schlechthin, an dem beide Geschlechter vom Mutterleib an hängen«.[18]

Also: Selbst in der Pornographie sind die Machtverhältnisse zwischen Männern und Frauen komplizierter, verstrickter, als sie auf den ersten Blick erscheinen. Wenn Andrea Dworkin (in ihrem Pornographiebuch) und andere Feministinnen der PorNo-Bewegung dies übersehen, dann weben sie an einer neuen Unschuldslegende der Frau voll reiner, liebevoller, sanfter, feengleicher Sexualität ohne Arg und Trug und Boshaftigkeit und besorgen eine neue, diesmal feministische Entsexualisierung, eine Enthexung der Frau. Cora Stephan, zum Beispiel, hat sich vehement dagegen gewehrt: »Wenn der Schwanz ein Terror ist, dann ist jede Möse masochistisch, die ihn aufnimmt – und jede Frau eine fromme Selbstbetrügerin, die eine ozeanische Lust dabei empfindet.« Das, so fährt sie fort, »ist eine Enteignung der Frau von ihrem primären Geschlechtsorgan«.[19]

Woher kommen Gemeinheit und Feindseligkeit in der Pornographie? Offenbar nicht nur aus dem machtdurchtränkten Geschlechterverhältnis, denn es gibt auch schwule und lesbische Pornographie, das heißt, es gibt auch Pornographie ohne Geschlechterkampf. Pornographie spiegelt Konflikte und Ängste im Zusammenhang mit der Sexualität wider, läßt wie unter der Lupe die Zerrissenheit sexuellen Lebens erkennen, die wir schon aus der Betrachtung sexueller Störungen und Perversionen kennen (und natürlich macht heterosexuelle Pornographie das im Rahmen des heute geltenden Geschlechterverhältnisses):

Pornographie inszeniert *größte Lust* – aber damit man nicht in ihr untergeht, bleibt man sich fremd; *größte Intimität* – aber damit man sich nicht auflöst, behält man die Kontrolle über den Partner, notfalls mit Gewalt; größte *körperliche Nähe* – aber damit man nicht in ihr versinkt, hält man sich den anderen vom Leibe, indem man ihn zur Sache, zum Fetisch degradiert; *größte Potenz, größte Attraktivität, narzißtischen Glanz* – aber damit das grandiose Bild der eigenen Männlichkeit / Weiblichkeit nicht zerstiebt, macht man den anderen fertig, im doppelten Wortsinn, bevor er einen fertigmacht; *größte Sinnenhaftigkeit* – aber damit das Triebhafte gebändigt bleibt, sind die Körper zugleich schön, jung, braungebrannt, sauber, schwitzen nicht, stinken nicht, reine Bilder und Bilder der Reinlichkeit; *größte Abhängigkeit in den gegenseitigen Wünschen* – aber damit man unabhängig bleibt, drischt man auf den ein, der diese Wünsche weckt, und damit immer auch auf seine eigenen Wünsche; *größte Grenz- und Normübersschreitung* – und zugleich Absicherung nach allen Seiten mit Ritualen und Reglementierungen, konformen Rollenklischees.

In ihrem großen Essay »Die pornographische Phantasie« hat Susan Sontag vor dreißig Jahren geschrieben, die Pornographie widerlege die Annahme, »der Sexualtrieb der Menschen sei, wenn er sich ungestört entfalten könne, eine ebenso natürliche wie erfreuliche Angelegenheit und das Obszöne sei eine Konvention, eine Fiktion, die der Natur von der Gesellschaft (vom Patriarchat, würde man heute sagen, G. S.) aufgezwungen« werde. Die Sexualität, so fährt sie fort, »bleibt aber eine der dämonischen Mächte..., eine Macht, die immer wieder verbotene und gefährliche Wünsche in uns weckt, ...jenseits von Gut und Böse, jenseits der Liebe und jenseits der geistigen Normalität«.[20] Dies ist eine ebenso schöne wie be(un)ruhigende Utopie, ich fürchte allerdings, inzwischen auch eine romantische, nostalgische Reminiszenz. Obgleich der »Dämon Sexualität« sich in der Pornographie scheinbar materialisiert, bringt sie ihn heute tatsächlich zur Strecke, treibt ihn aus, durch endlose Wiederholung und Trivialisierung.

9

Kindersexualität, Inzest, Mißbrauch

In der kleinen süddeutschen Stadt Ansbach sind zur Zeit zwanzig Männer und Frauen wegen jahrelangen Kindermißbrauchs und Vergewaltigung von Kindern angeklagt. Die ersten Urteile sind gefällt und enthüllen Ungeheuerliches: So wurde ein 37jähriger Mann verurteilt, weil er ein Mädchen an ihrem elften Geburtstag in der Wohnung ihrer Eltern vergewaltigt hatte, gegen ihre verzweifelte Widerwehr. Die Tat wurde anschließend noch einmal mit Einverständnis und im Beisein der Mutter »nachgestellt«, also wiederholt, und gefilmt.[1] Es gibt in diesem Land und sonstwo unvorstellbare sexuelle Brutalität gegenüber Kindern und vielfältige sexuelle Ausbeutung von Kindern. Selbst vorsichtige Fachleute sprechen von 80 000 Kindern unter vierzehn Jahren, die in einem Jahr (1990) Opfer sexueller Delikte werden – vom Exhibitionieren über körperlich-sexuelle Berührungen bis hin zu Vergewaltigungen; ein Drittel dieser Delikte geschehen innerhalb der Familie.[2]

Ein Fünfjähriger erzählt in seinem Kindergarten in Hamburg, daß der Vater oft seinen Penis anfasse und streichele. Als die Mutter das Kind nachmittags vom Kindergarten abholen will, wird ihr beschieden, daß ihr Sohn in ein Heim überstellt sei und nicht nach Hause dürfe wegen des Verdachts auf Kindesmißbrauch. Die Frage der Mutter, warum man nicht zuerst mit ihr oder dem Vater gesprochen habe, nützt ebensowenig wie der Hinweis, daß sie vom Hausarzt gebeten worden sei, wegen einer Phimose des Jungen die Vorhaut täglich hin und her zu bewegen. Da ihr diese Tätigkeit zu nahe trete, habe sie ihren Mann gebeten, sie auszuführen. Es dauert Tage, bis der Akt bürokratischer, amtlicher Kindesentführung rückgängig gemacht wird, ein Akt, der der Philosophie folgt, jede sexuelle Handlung an Kindern sei so gravierend, daß selbst bei geringem Verdacht alle anderen Risiken in Kauf genommen werden müssen, zum Beispiel die Trennung von der Familie, die Verwirrung des Kindes über den Eingriff der Behörden in sein Familienleben.

Geschehnisse beiderlei Typs, dramatische und weniger dramatische, ließen sich beinahe endlos erzählen. Sie zeigen beides: Sexuelle Ausbeutung, Zwang und Gewalt gegenüber Kindern sind ein Faktum; und zugleich unterliegt dieses Thema einer katastrophistischen Bearbeitung in der öffentlichen und zum Teil auch in der wissenschaftlichen Diskussion. Der Grat zwischen Verharmlosung und Hysterisierung ist außerordentlich schmal. Wie die sexuelle Gewaltdebatte insgesamt hat auch die Mißbrauchsdebatte eine reale, *manifeste* Seite, die aufdeckt und darüber aufklärt, daß auch im Bereich der Sexualität mit oder an Kindern Zwang und Gewalt verleugnet, unterschätzt, beschönigt, verharmlost werden; und sie hat eine verdeckte, *latente* Seite, die Katharina Rutschky in einer vehementen Polemik »erregte Aufklärung« nennt, die anfällig mache für »eine ganz und gar phantastische Welt, in der die Sexualität der Feind Nummer eins im Leben der Kinder (und Frauen) ist«.[3] Die soziale Wirklichkeit zwischen Erwachsenen und Kindern wird für letztere als prinzipiell gefährlich konzipiert, und zwar vor allem oder nur noch als *sexuell* gefährlich; Kinder sind *sexuell* den schwersten Traumen ausgesetzt, andere Gefahren verblassen dahinter.

Dabei wurde die sexuelle Gefährdung von Kindern in den letzten zehn Jahren zunehmend generalisiert, sie wurde allgegenwärtig. Wurden zuerst nur Mädchen als Opfer wahrgenommen, so sind es jetzt zunehmend auch Jungen; wurden zunächst nur Männer als Täter ausgemacht, so sind es jetzt zunehmend auch Frauen – und Jugendliche und Kinder.[4] Diese Ausweitung des Täterkreises erforderte allerdings eine ausufernde Definition des »Mißbrauchs«. Die Arbeit des Bremer Soziologen Gerhard Amendt über die Beziehung von Müttern und Söhnen ist ein beredtes Beispiel dafür:[5] Lustvolles Stillen, sinnliche Freude am schönen Körper des Dreijährigen, intensives Knuddeln und Herzen, das auch der Mutter guttut und sie befriedigt, gemeinsames Baden und so weiter und so fort werden als Mißbrauch denunziert; wohlgemerkt: nicht als zuviel Nähe, als Überfürsorge, als Distanzlosigkeit, Grenzüberschreitung, die sie unter Umständen sein können, nein, als sexueller Mißbrauch, als *sexuelle* Tat. Der Terminus »sexueller Mißbrauch« ist längst ein ideologischer und Kampfbegriff geworden. (Wissenschaftlich halte ich ihn für nicht mehr tragbar und verwende ihn nur noch zur Bezeichnung des Diskurses – zum Beispiel spreche ich von der »Mißbrauchsdebatte«; wie meine Kollegin Hertha Richter-Appelt ziehe ich es vor, von »sexuell traumatisierenden Erfahrungen« von Kindern zu reden, und meine damit sexuelle Erlebnisse mit Erwachsenen – aber auch mit Jugendlichen oder Kindern –, die eine abträgliche oder schädliche Auswirkung auf ihre Entwicklung haben.)[6]

Die bizarren Seiten der Mißbrauchsdebatte sollte niemand zum Vorwand nehmen, sexuelle Ausbeutung und Gewalt wieder zu verleugnen, auch wenn diese Bizarrerien so sehr geeignet sind, die Fakten dahinter zu verstecken oder sie zu vernebeln. Insofern demontieren die Eiferer ebenso wie die Verharmloser die Wirklichkeit sexueller Traumatisierung. Der sogenannte Montessori-Prozeß, im Mai 1995 nach zweieinhalb Jahren zu Ende gegangen, ist dafür ein bedrückendes Beispiel. Ein Erzieher war angeklagt, in fünfzig Fällen fortgesetzt sexuellen Mißbrauch mit Kindergartenkindern getrieben zu haben. Die Mehrzahl der zum Teil abenteuerlichen Anschuldigungen – satanische Orgien, Morde an Frauen, die in der Turnhalle des Kindergartens verscharrt worden seien, Kinderpornographienetzwerke – brach in sich zusammen; die anderen, immer noch erheblichen Vorwürfe konnten nicht geklärt werden, weil viele Kinder von Eltern, Polizei und Kindergartenpersonal mit peinlichen Fragen verfolgt, suggestiv bearbeitet worden waren.[7]

Ein Kinder- und Jugendpsychiater, nicht irgendwer, sondern Ordinarius dieses Faches an einer großen Universität, hatte den Eltern empfohlen, Kinder, die sich der Geständnissuche widersetzen, in der Möglichkeitsform zu befragen: »Was könnte er (der Angeklagte) getan haben?« Und wen wundert es, daß in den Gerichtsakten (auch) die geballte polymorph perverse Sexualwelt der Kinder unübersehbar aufscheint: Kotschmieren, Anpinkeln, Finger in den Po und in die Scheide, Lutschen, Besudeln, Zeigelust, Schaulust, Kastrationsphantasien, kurz: »Kot mit Ketchup«, wie es die Gerichtsreporter Gisela Friedrichsen und Gerhard Mauz auf den Punkt brachten.[8] Der Angeklagte wurde freigesprochen, weil keiner mehr wußte, was passiert und was phantasiert war, wie weit Realität phantastisch und Phantasie real geworden waren. Den Kindern aber, monatelang von Eltern, Erziehern, Polizei zum Geständnis verführt, ist vermutlich ein für allemal eingebleut worden, daß Sexualität Inquisition, ein gefährlicher und ungeheurer, die Erwachsenen außerordentlich beunruhigender Bereich ist.

Die Mißbrauchsdebatte schafft eine neue Bewertung und Realität: Der Umgang von Erwachsenen mit Kindern wird prinzipiell als gefährlich, *sexuell* gefährlich konzipiert, und zwar besonders innerhalb der Familie. Warum geschieht das heute so eindringlich und mit so viel öffentlicher Aufmerksamkeit? Es gibt zunächst eine einfache Antwort: Zum liberalen Diskurs, der seit den sechziger Jahren für eine freizügigere Sexualität plädiert, ist, wie wir gesehen haben (vgl. Kapitel 1), der Diskurs über eine selbstbestimmte Sexualität hinzugetreten, der sensibler macht für Übergriffe und Grenzverletzungen, auch solche, die aus der Ungleichheit und dem Machtgefälle zwischen Kindern und Erwachsenen stammen. Dieses Argument ist zum Teil richtig, es zielt auf den aufklärerischen Teil der Mißbrauchsdebatte; aber die affektive Wucht der Debatte, die »erregte Aufklärung«, ist mit diesem Argument nicht zu erklären.

Um dies zu tun, muß ich ein wenig ausholen. Es hat in den letzten hundert Jahren zwei große Inzest / Mißbrauchsdebatten gegeben. Die heutige und die um die Jahrhundertwende. Die erste wurde 1896 von Sigmund Freud angezettelt. In seinem Aufsatz »Zur Ätiologie der Neurosen« stellte er fest, daß sich die Hysterien von Frauen immer auf infantile sexuelle Traumen innerhalb der Familie zurückführen lassen, auf »sexuelle Erfahrungen am eigenen Leib, ... geschlechtlichen Verkehr (im weitesten Sinne)«.[9] Eine Diskussion um diese These hob an, in der Regel befremdet und kritisch. Zehn Jahre später (1906) revidierte Freud seine Theorie, er verriet sie allerdings nicht, wie manche sagen: Er habe die Häufigkeit des realen Inzests, »dieser sonst nicht anzuzweifelnden Vorkommnisse«, überschätzt, weil er »zu jener Zeit nicht imstande war, die Erinnerungstäuschungen der Hysterischen über ihre Kindheit von den Spuren der wirklichen Vorgänge sicher zu unterscheiden«; nun habe er gelernt, »so manche Verführungsphantasie als Abwehrversuch gegen die Erinnerung der eigenen sexuellen Betätigung... aufzulösen«.[10]

Für die Entwicklung der Psychoanalyse und der Psychologie war dies – nebenbei bemerkt – ein wichtiger Schritt: Die Aufgabe der einfachen und mechanischen Traumatheorie (seelisches Trauma – neurotisches Symptom; Bewußtmachen des Traumas mit Affektbewegung – Gesundung) ermöglichte ein differenziertes Verständnis der seelischen und neurotischen Entwicklung und führte zu einer komplexen Auffassung von Biographien, die nun nicht mehr auf einige herausragende Erlebnisse reduziert werden konnten. Und: Mit der Aufgabe der Verführungstheorien nahm Freud auch Abschied von der Vorstellung, daß Kinder sexuell nur als Opfer der Angriffe Erwachsener in Erscheinung treten, und öffnete den Blick für das eigenständige, bunte, polymorph perverse Sexualleben des Kindes. Zugleich aber wurde das Kind immer mehr zum Träger der Inzestwünsche innerhalb der Familie. Die ödipale Welt konstruiert eine Familie, in der Kinder ihre Eltern begehren, nicht umgekehrt. Und so zeigt die frühe Inzestdebatte ein wichtiges Kennzeichen aller Diskurse um dieses Thema: Entweder haben die Eltern die Inzestwünsche (frühe Position Freuds), *oder* die Kinder haben sie (ödipale Welt). Offenbar ist es zu schwer oder zu gefährlich, beides zusammen zu denken.

Die Kritik an Freud in den achtziger Jahren von Alice Miller oder Jeffrey Masson, der Freud einen »Anschlag auf die Wahrheit« unterstellte,[11] und die heutige Mißbrauchsdebatte stellen denn auch die alten Verhältnisse wieder her: Nun haben wieder die Eltern, vor allem die Väter, die Inzestgelüste, und die Kinder sind beinahe wieder ihrer Sexualität beraubt, präfreudianisch. Wenn Kinder nur noch als Opfer gedacht werden, löst sich ihre eigene Sexualität auf, bis hin zu der Tendenz, sexuelle Äußerungen eines Kindes unter dem Stichwort »sexualisiertes Verhalten« nur noch als Indiz eines Mißbrauchs zu betrachten (was sie in Einzelfällen auch einmal sein können), nicht aber als eigene, ursprüngliche Äußerungen. Kindersexualität spiegelt nur noch die mißbrauchte Unschuld wider.

Die Aufspaltung der Inzestproblematik – entweder haben sie die Eltern oder die Kinder – schlägt sich anschaulich in zwei Berichten über amerikanische Studentinnen der vierziger beziehungsweise neunziger Jahre nieder – und diese Episoden zeigen zugleich, wie stark die gesellschaftliche Diskussion des Inzests, der Diskurs, die Rekonstruktion der eigenen Biographie bestimmt. In seinen »Notizen zur Geschichte des Fühlens« berichtet Günther Anders, wie psychoanalysebegeisterte New Yorker Studentinnen im Jahr 1949 »Libido büffeln« und »sogar vor ihren Kolleginnen über ihre Inzest*gelüste…* referieren; und wehe, wenn sie keine findet – jede hat sie, genauso wie Leber oder Nieren; und die erforderliche Punktezahl für das Examen muß erreicht werden«.[12] Fünfundvierzig Jahre später geht es auf dem Campus ganz anders zu, wie Frigga Haug berichtet: Nun fühlen sich diejenigen in der Gruppe der Studentinnen isoliert, die keinen *sexuellen Mißbrauch* erinnern, die nicht zu den »Survivors« gehören. »*Sexual child abuse* ist Teil des öffentlichen Gesprächs, gehört auf jede Party, ja, es erscheint wie bei der Frage der Psychotherapie eher ungehörig, nicht betroffen zu sein.«[13] Eine solche Inflationierung des Opferstatus, dieser selbstbezogene »Kult des mißhandelten Kindes in uns«, von dem Robert Hughes spricht,[14] ist zynisch gegenüber den wirklichen Opfern.

Mehr aber können wir aus der ersten »Mißbrauchsdebatte«, die damals noch nicht so hieß, lernen, wenn wir uns klarmachen, zu welcher Zeit sie stattfand: Um die Jahrhundertwende war die bürgerliche Familie konsolidiert, der erste große Intimisierungsschub der Familie, die Emotionalisierung des Familienlebens hatte stattgefunden (vgl. Kapitel 3). Von allen Familienmitgliedern wurde nun schier Unmögliches verlangt: innige emotionale, warme, intime Beziehungen zu haben, aber – Vater und Mutter ausgenommen – bei strengster sexueller Abgrenzung. Durch diese Konstellation war das Inzesttabu in der bürgerlichen Familie besonders stark riskiert, real und in der Phantasie.

Die Inzestdebatte um die Jahrhundertwende ist deshalb nicht nur Ausdruck des real vorkommenden (und vielleicht auch häufiger gewordenen) Inzests, sondern auch der allgemeinen Beunruhigung über Inzestwünsche und -ängste, die in dieser engen Familie ausgebrütet wurden. Zugleich ist die Jahrhundertwende auch eine Zeit erster, vorsichtiger Liberalisierung der Kindersexualität, Beginn eines radikalen Blickwechsels auf die kindliche Sexualität: Der brutale Kampf gegen die Masturbation hörte auf oder milderte sich, das erste Buch zur Kindersexualität erschien, Albert Molls dickleibiger Wälzer »Das Sexualleben des Kindes« (1909), in dem Kindersexualität vorsichtig als Faktum beschrieben wird. Gleichzeitig konzipierte Freud das Bild des polymorph perversen, sexuell sinnlichen Kindes. Es sieht so aus, als ob das Zusammentreffen dieser beiden Phänomene – Intimisierung des Familienlebens einerseits, Wahrnehmung und Neubewertung der Sexualität der eigenen Kinder andererseits – ein gesellschaftliches Klima hervorbringt, in dem Inzestdebatten gedeihen.

Die gegenwärtige Debatte scheint diese Überlegung zu bestätigen. Seit Ende der sechziger Jahre erleben wir einen neuen Intimitätsschub in der Familie, der nun auch gezielt Körperlichkeit und die Sexualität betrifft; zugleich erleben wir eine erheblich liberalere

Haltung der Eltern gegenüber sexuellen, körperlich-lustvollen, sexuell neugierigen und explorativen Verhaltensweisen ihrer kleinen Kinder und auch eine stärkere Akzeptanz der Sexualität ihrer jugendlichen Kinder. Zwei Beispiele:

In dem Film »Als die Liebe laufen lernte«, in dem Aufklärungsfilme der sechziger Jahre zusammengeschnitten sind – eine durch und durch verklemmte Aufklärung aus heutiger Sicht – gibt es folgende Szene: In einem Badezimmer tummeln sich simultan die Mitglieder einer Normalfamilie, alle sind nackt: Der halbwüchsige Sohn schrubbt der Mutter, die in der Badewanne hockt, den Rücken; der Vater rasiert sich vor dem Spiegel, die Teenager-Tochter steht dicht hinter ihm, sich kämmend. Warum man das alles zusammen machen oder warum man bei all diesen Tätigkeiten (das Baden ausgenommen) nackt sein muß, bleibt unklar, ist aber eine wichtige Botschaft: Innerfamiliäre Nacktheit und körperliche Intimität sind ein hohes Gut – und sie wurden unablässig gepredigt.

Eine Kinderszene aus der gleichen Zeit – Ende der sechziger Jahre – aus den Selbsterfahrungsberichten der Kommune 2, die im Rahmen der Studentenbewegung neue Möglichkeiten des Zusammenlebens, des Aufwachsens von Kindern, neue Formen der Sexualität zur »Revolutionierung des bürgerlichen Individuums« entfalten wollte. Im Tagebuchprotokoll – so preußisch ging es da zu – schildert ein Vater, wie er zwei kleine Kinder der Kommune, etwa vier oder fünf Jahre alt, seinen Sohn und ein Mädchen, ins Bett bringt. Der Junge heißt Nessim, das Mädchen Grischa:

»Abends, beide Kinder liegen im Bett. Ich streichele Nessim, streichele dabei auch seinen Penis« (eine Tätigkeit, die heute jenseits jeden Kontexts als »Mißbrauch« definiert würde). »Grischa: ›Ich will auch einen Penis haben.‹ Ich versuche ihr zu sagen, daß sie doch eine Vagina habe, die man streicheln könne. Grischa wehrt ab: ›Ich will auch 'nen Penis zum Pinkeln haben...‹ Ich sagte: ›Grischa, du kannst doch Nessims Penis haben. Du kannst doch seinen Penis streicheln.‹ Grischa geht sofort darauf ein, will Nessims Penis streicheln. Nessim wehrt erst ab... Ich sage, daß man den Penis ganz lieb streicheln müsse. Nessim ist jetzt einverstanden, will aber dafür Grischas Vagina streicheln. Grischa wehrt ab, ähnlich wie Nessim vorher. Ich sage, daß man die Vagina auch lieb streicheln müsse. Beide sind jetzt einverstanden.«[15] Der junge Kommunevater praktiziert eine offensive, aktive Bejahung, ja Beförderung der Sexualität der ihm anvertrauten Kinder, wie sie Wilhelm Reich empfohlen hatte, und transportiert die Botschaft: Sexuelles Erleben und Befriedigung von Kindern, notfalls durch Ermutigung der Erwachsenen, ist für die Entwicklung der Kinder notwendig.

Aus heutiger Sicht sind beide Szenen bedenklich bis »mißbräuchlich«, doch karikaturhaft überspitzt bringen sie ganz allgemeine Tendenzen auf den Punkt, Tendenzen, die sich erstaunlich breit durchgesetzt haben: Nacktheit in der Familie ist sehr viel stärker verbreitet als vor dreißig Jahren; und Sexualität von Kindern und Jugendlichen ist familiarisiert, in die Familie einbezogen, von der Familie eingerahmt. Aus unserer Jugendstudie an Sechzehn- und Siebzehnjährigen geht hervor, daß Jungen wie Mädchen ihren Eltern heute viel häufiger als vor zwanzig Jahren erzählen, ob sie schon Geschlechtsverkehr hatten oder nicht; Eltern gestatten Jugendlichen heute sehr viel häufiger als früher, daß ihr Freund/ihre Freundin bei ihnen zu Hause übernachtet; Geschlechtsverkehr Jugendlicher findet heute viel häufiger in der elterlichen Wohnung statt, auch wenn diese zu Hause sind; die Jungen, so könnte man denken, haben Geschlechtsverkehr im Kinderzimmer, die Alten sitzen im Wohnzimmer und trinken Bier und sehen TV.[16] Das aber heißt: Eltern sind viel mehr mit dem Sexualleben ihrer heranwachsenden Kinder konfrontiert, und vermutlich verstecken auch Eltern ihre sexuelle Beziehung nicht mehr so sorgfältig wie früher vor den Kindern.

Analoge Trends zeigen sich bei Vorschulkindern; anekdotische Beobachtungen – systematische gibt es bezeichnenderweise nicht – deuten auf einen spektakulären Zusammenbruch alter Tabugrenzen hin: Drei- oder Vierjährige machen Doktorspiele in der Ecke des Wohnzimmers, unter den Augen der Eltern; die Tochter erzählt ihrem Vater nach dem Kindergarten freudestrahlend, daß sie und Max (ein Junge aus dem Kindergarten) »Möse« und »Schwanz« angeguckt hätten; der Vierjährige fragte seine Mutter beim Schmusen freundlich, ob sie auch mal seinen »Pimmel« küssen würde; die Sechsjährige bietet beim Herumtollen ihrem etwas jüngeren Bruder kichernd an, doch einmal zu versuchen, den »Pimmel« in die »Möse« zu stecken – die Gegenwart der Eltern stört sie nicht, vielleicht erhöht sie sogar den Reiz. Pralle »Sexualisierung«, und nichts von Unschuld. Liberalität und Freizügigkeit gegenüber den Wünschen der Kinder hat auch deren Triebhaftigkeit unvermittelter, unverstellter in die Familie gebracht, und die sitzt damit nun da. Den Eltern ist die Unbefangenheit der Kinder oft befremdlich, das weniger heimliche Treiben unheimlich.

Der latente Inzestkonflikt wurde noch einmal verschärft: Bei höchster und zunehmender körperlicher Intimität und sexueller Offenheit zwischen Eltern und Kindern, Brüdern und Schwestern sind strenge sexuelle Verbote zu beachten. Durch diese Entwicklung ist die Inzestbedrohung in der Familie stärker präsent und erfordert eine besondere Abwehrleistung. Eine Abwehrmöglichkeit liegt in der Projektion der Gefahr nach außen – sexuelle Übergriffe überall, draußen –, um sie dann dort zu bekämpfen mit einer besonderen Sensibilität gegenüber dem Mißbrauch. Auch für den Soziologen William Simon liegt die Vermutung nahe, »daß die Vehemenz der zeitgenössischen Reaktionen auf das Problem (des Mißbrauchs) nicht allein dem Wunsch nach einem Schutz der Kinder entspringt, sondern auch dem Bedürfnis nach Selbstschutz«.[17]

Ich möchte mit diesen Überlegungen die Bedeutung realer traumatisierender sexueller Erfahrungen von Kindern durch Eltern oder Erwachsene nicht kleinreden; doch der katastrophische Ansatz der Debatte scheint mir hieraus zu resultieren: Die unschärferen innerfamiliären Grenzen führen offenbar dazu, daß in der Mißbrauchsdebatte *überall* zusammengebrochene Grenzen gesehen werden, um sie dort, in der Debatte, durch die Forderung nach strikten Maßnahmen wieder aufzurichten. In diesem Sinne ist die Mißbrauchsdebatte eigentlich eine Inzestdebatte; und vielleicht ist die Tendenz, den komplexen kulturwissenschaftlich und familiendynamisch besetzten Terminus »Inzest« zu vermeiden, ja zu verbieten, wegzurationalisieren zugunsten des dürren Begriffs des »innerfamiliären Mißbrauchs« ein unbewußter Versuch, die eigentlichen Hintergründe der Debatte zu verschleiern.

Der Diskurs fällt natürlich auf die Familie zurück. Sicher nicht in der Weise, wie es ein katholischer Bischof erst kürzlich hoffnungsvoll postulierte: Es sei wohl so, daß Männer ihre Begierden bei der Pflege kleiner Kinder nur schwer im Zaum hielten, den Verlockungen beim Cremen und Waschen nur schwer widerstehen könnten. Um die Väter selbst und die Kinder vor männlicher Wollust zu schützen, sei es wohl besser, die Mütter übernähmen wieder ganz die Pflege und die Väter trollten sich aus dem Haus zur Arbeit.[18] Nein, viel subtiler ist die Rückwirkung, selbst noch auf diejenigen, die der Debatte kritisch gegenüberstehen. Der Vater, der abends noch einmal nach seiner Vierjährigen guckt, das hochgestrampelte Nachthemd herunterzieht, sie zudeckt, mit einer zärtlichen Geste wieder rausgeht, wird sich fragen, ob seine Tochter diese Szene, die sie im Halbschlaf mitkriegt, einmal anders erinnern oder interpretieren wird. Ihre Erinnerung wird von vielem geprägt sein, vor allem von ihrem Verhältnis zum Vater, aber auch von dem Zusammenhang, in den ein öffentlicher Diskurs eine solche Szene setzt (vgl. Seite 105). So prägt die Debatte, deren Vehemenz sich vermutlich dem Zusammenbruch familiärer Grenzen verdankt, die Schranken wieder in die Familie zurück, errichtet sie aber kaum jemals an der richtigen Stelle.

Die Unfähigkeit zur Balance bestimmt die Debatte: zur Balance zwischen Verharmlosung (die den sexuell angegriffenen Kindern ihre Wirklichkeit nimmt) und Katastrophierung (die sexuelle Wünsche und Phantasien, die den Kindern gehören, ihnen enteignet); zur Balance zwischen Augenzumachen vor dem, was Kindern angetan wird, und Verfolgen der *Kinder*, die und deren Eltern in Verdacht geraten sind, mit Geständniszwang und Suggestion, so als sei auch das Eingeständnis eines nicht erlebten Mißbrauchs noch ein reinigender ritueller Akt; zur Balance dazwischen, Inzestwünsche nur bei den Eltern oder nur bei den Kindern zu sehen und zu suchen.

Péter Nádas beschreibt in seinem Essay »Von der himmlischen und der irdischen Liebe«, wieviel Ehrlichkeit wir gegenüber unseren eigenen emotionalen Verstrickungen brauchen, wenn wir über das Thema »Inzest« nachdenken: »*Nicht, daß wir in die eigene schöne, kluge Mutter oder Schwester, den eigenen schönen, klugen Vater oder Bruder, nicht, daß wir in die eigene Tochter oder den Sohn verliebt sind, in die wir nach menschlichen Gesetzen nicht verliebt sein dürften, müssen wir widerna-*

türlich nennen, sondern daß wir, wenn sie schön und gut sind, trotzdem zu behaupten wagen, wir seien nicht in sie verliebt. So als würden wir behaupten, wir hätten keine Augen und unsere Ohren seien von Geburt an mit Blei verstopft. «[19]

10

Gibt es Heterosexualität?

In einer Talkshow über *Schwule Väter* wurden kürzlich drei Männer vorgestellt, die mit ihren Ehefrauen und Kindern zusammengelebt hatten, bis sie in den dreißiger Lebensjahren allmählich oder plötzlich wußten – *wußten*, auf dieses Wort kommt es an –, daß sie homosexuell sind.[1] Alle taten so, die befragten Männer selbst, der Moderator, die Ehefrauen, die Kinder, soweit es berichtet wurde, als ob die schwulen Väter bis zu ihrem Coming-out, dem »Ausbruch« der Homosexualität, im falschen Leben gelebt hätten, als ob sie immer *so*, nämlich homosexuell gewesen seien, es nur nicht wußten, und daß sie nun bis ans Ende ihrer Tage homosexuell bleiben würden. Homosexuell – und vice versa heterosexuell – kann man offenbar nur lebenslang sein, und zwar das eine oder das andere, Männer wie Frauen.

Warum kommt niemandem in den Sinn, daß diese Männer aus der Talkshow eine Zeitlang eine Frau liebten und eine Familie wollten, dann Männer begehrten und für ihre Kinder weiter sorgen wollten, und daß keiner weiß, was mit ihrer Liebe morgen, übermorgen oder in zehn Jahren sein wird? Weil wir unter dem machtvollen Vorurteil der *Mono*sexualität leben und, betrachtet man unser Verhalten und Fühlen, so tun, als sei Monosexualität, die eingeschlechtliche Ausrichtung, ein ehernes Gesetz:[2] Fast alle Zeitgenossen, Männer wie Frauen, Homosexuelle wie Heterosexuelle, über 95 % der Bevölkerung, sind in merkwürdiger Uniformität und allerschönster Unterschiedslosigkeit lebenslang und ausschließlich oder vorwiegend monosexuell, das heißt, ihr Verlangen und ihre Liebe werden vom Geschlecht des Partners, von einem kruden Merkmal der Anatomie dominiert. In diesem Sinne sprechen wir zutreffend von *Geschlechts*liebe, und das Wort »Sexualität« verweist ebenso auf die starre Geschlechtsbindung der Liebe.

Nach dem Geschlecht – nicht nach der Seele, nicht nach Charakter, Ausstrahlung, Geist, Witz, Sinnlichkeit, Seelenverwandtschaft oder Fremdheit, Faszination – nehmen fast alle Menschen die erste und grundlegende Auswahl ihrer Partner unerschütterlich vor. Nur ein Geschlecht kommt ihnen erotisch in den Blick, das andere, etwa die Hälfte der Menschheit, schließen sie prinzipiell von der Partnerwahl aus; sie diskriminieren ein Geschlecht erotisch, haben kein Auge und keinen Sinn dafür, scheinbar.

Noch erstaunenswerter als dieser Sachverhalt selbst aber ist, daß er so selten problematisiert wird; problematisiert wird lediglich, wenn das zweitbeste Geschlecht, das *gleiche* Geschlecht gewählt wird, oder, was provokanter ist, wenn sich einige Menschen der Monosexualität entziehen und tatsächlich unabhängig vom Geschlecht ihre Partnerwahl treffen. Das Gebot der Monosexualität ist die Megaregel unserer sexuellen Ordnung, das Gebot der Heterosexualität dieser eindeutig nachgeordnet. Und: Homosexuelle und Lesben, heterosexuelle Männer und heterosexuelle Frauen sind Verschworene, Komplizen, Kollaborateure der monosexuellen Ordnung.

Die monosexuelle Ordnung verankert Ursprung und Bedeutung der sexuellen Orientierung fest ins Innere des Individuums, in seine Biographie, seinen Charakter oder seine Biologie. Gesellschaftliche und historische Zusammenhänge sind nachgeordnet, wenn sie überhaupt vorkommen. Um diese »essentialistische« Position ist in den letzten Jahren eine heftige

Diskussion unter Wissenschaftlern in Gang gekommen, genauer: unter Theoretikern und Theoretikerinnen der Homosexualität – aber jede Theorie über Homosexualität ist zugleich eine Theorie über Heterosexualität. In dieser Diskussion stehen sich zwei Parteien gegenüber: die Essentialisten und die Konstruktivisten.[3]

Die Essentialisten – zu denen, ohne sich so zu nennen, so unterschiedliche Gruppen wie Sexualwissenschaftler, Psychoanalytiker, Neurophysiologen, Endokrinologen, Genetiker gehören – gehen davon aus, daß Homosexualität wie Heterosexualität, wie immer sie auch entstehen mögen, tief in der Persönlichkeit verankerte Eigenschaften sind, unwandelbar für das Individuum. Wie John Money, ein bedeutender US-amerikanischer Sexualforscher, es bündig sagte: »Entgegen dem modisch gewordenen Sprachgebrauch handelt es sich bei Homosexualität um keine Präferenz, ebensowenig wie bei Heterosexualität und Bisexualität. Alle drei sind dauerhafte Orientierungen. Wer sie hat, lebt entsprechend. Wer sie nicht hat, lebt ohne sie... Es handelt sich nicht um Wahl, sondern um Schicksal«, also um eine Seinsweise, die sich nicht mehr ändert.[4] Das ist zweifellos eine humane Interpretation unserer Monosexualität. Sexuelle Gewohnheiten gehören zu einem selbst, zur Persönlichkeitsentwicklung, man kann sie nicht wechseln wie ein Hemd, sie sind »unausrottbar«, wie schon Magnus Hirschfeld in seinem mutigen Eintreten für die Homosexuellen zu Beginn dieses Jahrhunderts immer wieder triumphierend feststellte. Die sexuelle Orientierung ist in diesem Verständnis ein grundlegender Teil der »Identität« des Individuums.

Die Konstruktivisten – in der Regel Soziologen und Sozialhistoriker, angeführt von Michel Foucault – wenden dagegen ein, daß das, was die Essentialisten als Wesen von Heterosexualität und Homosexualität beschreiben, die geschichtlichen Erscheinungsformen der Sexualität in der Gegenwart seien, die die Essentialisten zu Seinsformen umbögen, essentialisierten. So sei ein kollektives (wissenschaftliches) Vorurteil, ein Wesensmythos über Homo- und Heterosexualität entstanden. Die Konstruktivisten legen Wert auf die Unterscheidung von homosexuellem Verhalten und homosexueller Identität und vice versa heterosexuellem Verhalten und heterosexueller Identität (die ohne das homosexuelle Pendant nicht denkbar ist). Homosexuelles Verhalten habe es ohne Zweifel in allen Kulturen der Gegenwart und der Vergangenheit gegeben, ist ein unauslöschlicher Teil der Möglichkeiten menschlicher Sexualität. Homosexuelle Identität hingegen sei etwas Modernes.

Michel Foucault hat als erster darauf hingewiesen, daß seit Ende des 18. Jahrhunderts aus der Sünde der Sodomie, also aus einem bestimmten Akt oder Verhalten, allmählich ein besonderer Typus, eine besondere Art von Mensch wurde, ausgestattet mit besonderen Eigenschaften. »Als eine der Gestalten der Sexualität«, sagt Foucault, »ist die Homosexualität aufgetaucht, als sie von der Praktik der Sodomie zu einer Art innerer Androgynie, einem Hermaphroditismus der Seele herabgedrückt worden ist. Der Sodomit war ein Gestrauchelter, der Homosexuelle ist eine Spezies.«[5]

Mediziner und Jurisprudenz beförderten diesen Wandel im 19. Jahrhundert mit ihren Abhandlungen über Arten und Unterarten von Sexualität, ihren Klassifizierungen, den medizinischen Erklärungsversuchen. Dieser medizinische und juristische Diskurs hat, wie Foucault sagt, den Grund gelegt für die Konstitution eines Gegendiskurses, der den negativen Festsetzungen der homosexuellen Eigenart durch Mediziner und Juristen eine positive Identität des Homosexuellen entgegensetzte. Dies geschah in den Konzepten der ersten Homosexuellenbewegung zwischen 1900 und 1933 sowie in den Konzepten der zweiten Homosexuellenbewegung seit den siebziger Jahren.[6] Um Foucault noch einmal zu zitieren:

»Die Homosexualität hat begonnen, von sich selber zu sprechen, auf ihre Rechtmäßigkeit oder auf ihre Natürlichkeit zu pochen – und dies häufig in dem Vokabular und in den Kategorien, mit denen sie medizinisch disqualifiziert wurde.«[7] So wurde aus den »weibischen« Männern oder »weiblich degenerierten« Männern der Psychiatrie in der frühen Homosexuellenbewegung das »Dritte Geschlecht«; homosexuelle Männer und homosexuelle Frauen waren sexuelle Zwischenstufen, standen zwischen den Polen Mann und Frau. »Gay pride« entstand sozusagen als Gegenentwurf, später Gegenentwurf zur Schaffung der Homosexuellen als besonderer, diskriminierter Spezies durch die Wissenschaft des 19. Jahrhunderts. Nach John DeCecco, einem aus dem Rahmen fallenden US-amerikanischen Forscher, wurde die »verrückte Homophobie« der Heterosexuellen von der homosexuellen Bewegung mit einer »Gegenverrücktheit« bekämpft, dem Konzept der »gay-identity«, die die Vorurteile der Heterosexuellen in ihren Auswirkungen entgiften sollte.[8]

Dieser Prozeß der Schaffung einer homosexuellen oder heterosexuellen Identität oder Selbstgewißheit ritualisierte und verfestigte sowohl die hetero- als auch die homosexuelle Entwicklung bis zur Erstarrung. Jeder mußte sich jetzt in das Schema einkästeln, und diese Typisierung formierte die monosexuelle Festlegung, über die ich mich eingangs so verwundert zeigte. Erst mit der Schaffung der »Identität«, des Typus konnte man *richtige* Homosexuelle und *richtige* Heterosexuelle schaffen, Heterosexuelle und Homosexuelle säuberlich trennen. Diese Entwicklung – von Medizin, Jurisprudenz und Homosexuellenbewegung (wenn auch mit anderem Vorzeichen) vorangetrieben – schuf erst Zwangsheterosexualität und Zwangshomosexualität in der jetzigen krassen Form als »reziproke Verrücktheiten«, wie DeCecco es nennt – und Heterosexualisten und Homosexualisten, die sich stur einer sexuellen Orientierung zuordnen und dies für die – im Wortsinn! – *natürlichste* Sache der Welt halten. Der Soziologe William Simon fordert, daß wir »uns endlich mit dem veränderlichen Wesen sexueller Begierden und ihren wechselnden Verwendungsweisen beschäftigen, auch wenn wir dabei Gefahr laufen, daß sich ein Teil unseres ohnehin kümmerlichen Wissens über Sexualverhalten in Wohlgefallen auflöst«.[9]

Dies versuchen die Konstruktivisten, und es ist ihr Verdienst, daß wir uns wieder die Frage stellen, warum Menschen ihre Partnerwahl zuerst einmal nach der *Anatomie* treffen und nicht nach psychologischen Merkmalen, die sich über die Anatomie hinwegsetzen, oder genauer, warum psychologische Prozesse erst dann eine Rolle spielen, wenn das Geschlecht des potentiellen Partners »monosexuell« stimmt. Dem Historiker John Boswell zufolge hat keine Zeit vor uns so große Unterschiede zwischen Homosexuellen und Heterosexuellen gemacht und eine so große konzeptionelle Distanz zwischen beiden geschaffen.[10] Es ist aber zu vermuten, daß sich diese Distanz eines Tages wieder auflösen wird – nicht in Bisexualität wohlgemerkt, denn »bisexuell« als Restkategorie – weder eindeutig homosexuell noch eindeutig heterosexuell – setzt Homosexualität und Heterosexualität voraus, sie besteht nur so lange, wie wir in den Kategorien »homosexuell« und »heterosexuell« denken.

Wie nah diese Befreiung von der Geschlechtsfixierung liegt und wie schwer sie uns fällt bei der Gewalt, die die Kategorien »homosexuell« und »heterosexuell« über uns gewonnen haben, wird deutlich an den Geschichten von Menschen, bei denen sexuelle Wünsche und Verliebtheiten gegen die scheinbar festgefügte sexuelle Orientierung verstoßen. Ich glaube, daß solche Erlebnisse immer häufiger werden, vor allem bei Frauen. Diese Geschichten zeigen auch, daß die Relativierung des Geschlechts als Determinante der Partnerwahl nicht Beliebigkeit bedeutet, sondern der Einzigartigkeit des individuellen »Triebschicksals« gerechter werden kann als unsere Tradition der Monosexualität. Zwei kurze Fallgeschichten will ich zur Illustration darstellen:

Ein Bankangestellter, Mitte Zwanzig, hatte mit achtzehn Jahren sein »Coming-out« als Schwuler. Seitdem habe er sich als Homosexueller gefühlt, sich selbst so definiert, immer homosexuelle Beziehungen gehabt. Jetzt lebt er seit zwei Jahren mit einem etwas jüngeren Mann zusammen. Vor einem halben Jahr verliebte er sich – für ihn selbst völlig überraschend und verwirrend – in eine Frau, die knapp zehn Jahre älter ist; er hat auch eine sehr befriedigende sexuelle Beziehung mit ihr, schläft nun überhaupt zum erstenmal in seinem Leben mit einer Frau. Zu seinem Freund unterhält er weiterhin eine sexuelle Beziehung, darüber hinaus hat er gelegentlich homosexuelle Kontakte für eine Nacht mit Partnern, die er in Bars kennenlernt.

Ihn bringt die Beziehung zu der Frau erheblich durcheinander. Sein homosexueller Bekanntenkreis sei ratlos bis bestürzt, er fühle sich darin nun beinahe als Außenseiter. Habe er bisher fälschlich geglaubt, homosexuell zu sein? Sei er in Wirklichkeit bisexuell? Oder breche nun endgültig seine heterosexuelle Veranlagung durch? Die Ungewißheit des Ausgangs der in Bewegung geratenen sexuellen Orientierung beschäftigt ihn stark, vor allem die Sorge, ob denn sein Leben bislang ein psychosexueller Irrtum gewesen sei. Er schildert dann noch, daß die sexuellen Erlebnisse mit den Männern und der Frau sehr unterschiedlich seien: Bei den Männern (Gelegenheitspartnern) sei die Sexualität mehr wie ein Kampf, beim Freund gebe er viel Schutz und Behütung; mit der Frau sei alles sanfter, weicher, geborgener, zerfließender, symbiotischer.

Unser Protagonist ist ein Essentialist. Seine Verwirrung kommt durch das Denken in den Kategorien »homosexuell«, »heterosexuell«, »bisexuell«. Reduziert auf diese Kategorien, stellt sich das Problem nur im Hinblick auf die richtige Definition. Sinnvoller ist es, wenn wir – anstatt Ordnung zu schaffen mit dem richtigen Etikett – uns fragen, was der Wandel für eine Bedeutung hat, wenn wir versuchen, das komplexer gewordene Sexualleben dieses Mannes zu verstehen: Er projiziert offenbar auf die verschiedenen Partner nur unterschiedliche Sehnsüchte und Wünsche, diese Partner sprechen die unterschiedlichen Wünsche in unterschiedlicher Weise an, sie passen unterschiedlich zu diesen Wünschen. Er kann seine Wünsche nicht auf einen Partner bündeln – wer kann das schon. Bekommen wir nicht ein besseres Verständnis von seiner Sexualität und Partnerwahl, wenn wir die Etiketten beiseitelassen und fragen, was er bei den verschiedenen Partnern sucht, was die unterschiedlichen Partner in ihm auslösen? Hilft ihm also ein psychologischer Zugang nicht eher als das Suchen nach der »richtigen« Definition?

Ein zweites Beispiel, für den anderen Weg: Ein kaufmännischer Angestellter, verheiratet seit zehn Jahren, Ende Zwanzig, hatte in der Pubertät homosexuelle Masturbationsphantasien, die allmählich heterosexuellen Phantasien wichen. Zur gleichen Zeit lernte er seine spätere Frau kennen, mit der er eine zufriedenstellende sexuelle Beziehung hat. Seit zwei Jahren fühlt er sich depressiv, im Beruf als Versager, kurz, er fühlt sich schwach und klein. In dieser Situation leben zunächst seine homosexuellen Phantasien wieder auf, dann wird sein Verlangen immer größer, mit Männern sexuell etwas zu machen. Er geht in Bars und zu homosexuellen Treffs und sucht sich Partner für eine Nacht. Er könne sich, sagt er, nie in Männer verlieben, genieße aber die Sexualität mit ihnen. Er fühle sich dabei geschützt, geborgen und tanke Kraft. Er könne das nur genießen, weil es am Morgen vorbei sei, jeder dann wieder seiner Wege gehe, er emotional nicht beansprucht, ermüdet werde. Die Sexualität mit der Frau sei ihm noch wichtig, wenn es auch seltener dazu käme, das sei etwas ganz anderes. Er wolle seine Frau nicht verlassen. Er fürchte, daß er nun ganz und gar homosexuell werde.

Wissen möchte er vom Fachmann, was er denn nun sei: homosexuell, heterosexuell, bisexuell oder krank. Doch auch hier ist es sinnvoller, nach der psychologischen Bedeutung seiner veränderten Sexualität zu fragen als nach dem »richtigen« Etikett. Seine Regression, sein Hilfsbedürfnis ist im Zustand der depressiven Schwäche sehr groß, kaum auszuhalten. Er hat Angst, seiner Frau gegenüber – von der er sich abhängig genug fühlt – zuviel Schwäche zuzulassen, fürchtet, in seinen Regressionswünschen unterzugehen, sich ihr auszuliefern, sich nicht abgrenzen zu können. Die Männer, stärkere und etwas ältere bevorzugt er, geben ihm Schutz, stärken ihn, verschwinden dann auch wieder; er ruht sich in seiner Schwäche bei ihnen aus, nimmt etwas von ihrer Stärke mit.

Die Beispiele ließen sich fortsetzen, gerade auch um Frauen, die sich lange als heterosexuell definierten und dann Liebesbeziehungen und Partnerschaften mit Frauen eingehen. Es sind inzwischen so viele, daß es schon einen Namen dafür gibt: sequentielle Hetero- und Homosexualität von Frauen.[11] Übrigens: Viele Frauen machen weniger Aufhebens um die Etiketten »homosexuell – heterosexuell« als die Protagonisten meiner Fallbeispiele oder *Männer*; die Frage nach der Selbstdefinition oder der Selbstkategorisierung erscheint ihnen oft zweitrangig, und sie verschwenden wenig Gedanken daran.

In einer Studie von Sonja Düring an Frauen über Erinnerungen an ihre Pubertät unterliefen auffällig viele (Berlinerinnen, dreißig bis fünfzig Jahre alt) die Frage, ob sie heterosexuell, lesbisch oder bisexuell seien, mit Antworten wie »alles«, »gar nichts«, »mal so, mal so«, usw.[12] Die monosexuelle Verbissenheit ist heute vorrangig ein Problem von Männern. Frauen, die sich als heterosexuell definieren oder definierten, erleben gleichgeschlechtliche Sexual- und Liebesbeziehungen offenbar als nicht so bedrohlich wie heterosexuelle Männer. Männer fühlen sich durch gleichgeschlechtliche Beziehungen oft verweiblicht oder entmännlicht, während es Frauen nicht in den Sinn kommt, daß gleichgeschlechtliche Beziehungen ihre Weiblichkeit in Frage stellen, etwas mit weiblicher Selbstgewißheit zu tun haben könnten.

Auch auf der politisch-ideologischen Ebene sind Frauen besser gewappnet, den alten Festlegungen zu entkommen, und zwar durch feministische Theorien, die Beziehungen zu Frauen für weibliche Selbstverwirklichung generell hoch einschätzen und die unterdrückenden, Autonomie und Lebendigkeit lähmenden oder zerstörenden Beziehungen zu Männern analysieren. Adrienne Richs Aufsatz »Zwangsheterosexualität und lesbische Existenz« ist das oder zumindest ein Manifest dieser Konzeption, eine feministisch-politische Begründung der Vernunft und Nützlichkeit gleichgeschlechtlicher Beziehungen von Frauen im Geschlechterkampf.

»Frauenidentifikation«, schreibt Rich, »ist eine Quelle von Energie, ein potentielles Trampolin der weiblichen Macht, die unter der Institution Heterosexualität mit Gewalt beschnitten und vergeudet worden ist.«[13] Andere radikale Feministinnen beschreiben Heterosexualität als »erotisierte, hegemoniale Ideologie männlicher Dominanz« und den Geschlechtsverkehr als »Mann-dominierte-Frau-unterwerfende-Kopulation-zum-Ende-und-zum-Zwecke-männlicher-Ejakulation«.[14] Wenn das alles so ist, wundert es nicht, daß Männer militantere Heterosexualisten und Monosexualisten sind als Frauen. Allerdings, die radikalen Feministinnen plädieren keineswegs für die Aufhebung der Monosexualität, sie wollen nur die richtige.

Das Denken in monosexuellen Schubladen ist eingefahren bei uns allen, ganz besonders, wie gesagt, bei Männern. Aber zugleich ist festzustellen, daß diese Kategorien nicht so starr und vermutlich heute schon im Wanken sind und in Zukunft mehr noch ins Wanken kommen können und werden. Noch halten sich, nach einer umfangreichen empirischen Untersuchung in den USA, Frankreich und England 80% aller Männer und Frauen für ausschließlich und insgesamt heterosexuell, und zwar im Hinblick auf ihr Verhalten, ihre Phantasie und ihre erotische Ansprechbarkeit. Immerhin können aber schon heute 20% zumindest anflugsweise ein erotisches Potential dem gleichen Geschlecht gegenüber zugeben.[15]

Die Voraussetzungen dafür, daß dies mehr werden, sind nicht schlecht: Starre Rollenvorstellungen für Männer und Frauen und rigide Arbeitsteilung zwischen den Geschlechtern nehmen ab (vgl. Kapitel 2); gleichgeschlechtliches Verhalten ist heute weniger tabuiert als früher; Partnerwahl erfolgt zunehmend außerhalb von Institutionen und gründet sich immer stärker auf Emotionen – dieser Prozeß ist seit hundertfünfzig Jahren mit den tiefgreifenden Veränderungen der Familie im Gang (vgl. Kapitel 3).

Und, grundsätzlicher: Ganz generell, so beobachten Soziologen, neigen Menschen weniger dazu, sich festzulegen oder sich als festgelegt zu betrachten, Biographien verlieren ihre Schicksalsträchtigkeit und determinierende Wucht, die ihnen in der »Moderne« zugeschrieben wurde. Nach Zygmunt Bauman war »die größte Sorge um die Identität der Moderne... ihre Stabilität... Dreh- und Angelpunkt postmoderner (heutiger) Lebensführung ist nicht der Aufbau einer eigenen Identität, sondern das Vermeiden des Festgelegt-Werdens«.[16] Konzepte wie »sexuelle Orientierung« oder »sexuelle Identität« im herkömmlichen Sinne produzieren dagegen, um Bauman zu paraphrasieren, Sexualität(en) »eingelassen in Stahl und Beton«, und sind der »postmodernen« Tendenz, Optionen offenzuhalten, entgegengerichtet.

So spricht vieles dafür, daß sich Erotik und Partnerwahl vom Diktat der Monosexualität und der rigiden Geschlechtsbindung lösen und immer stärker davon abhängen werden, welche Sehnsüchte und Wünsche, vor allem welche geheimen und unbewußten Sehnsüchte und Wünsche wir in jemanden hineinprojizieren können und wie wenig er/sie die Ängste, ebenfalls die geheimen Ängste, auslöst, die mit solchen Wünschen verbunden sind. So könnte das Geschlecht bedeutungsloser für die Partnerwahl werden, die Hauptterminante, die es heute noch ist, träte in den Hintergrund. In der Wissenschaft ist der Kampf um diese Frage, wie gesagt, voll entbrannt. So sind heute immer schneller neue biologische Theorien über die Entstehung von Homosexualität – und damit Theorien über die Entstehung von Heterosexualität – im Angebot, so schnell, daß die neue die gerade noch neue schon wieder erledigt.[17]

Die Suche nach der biologischen Essenz und der Furor, mit dem sie betrieben wird, sollen die alten Verhältnisse festzimmern; sie wirken wie eine Beschwörung der monosexuellen Ordnung, daß es Homo- und Heterosexualität und (selten) Bisexualität doch gibt, tatsächlich. Auf der anderen Seite trumpfen Sozialwissenschaftlerinnen auf und konfrontieren ihre Interviewpartner, Monosexualität dekonstruierend, mit über zwanzig verschiedenen sexuellen Orientierungen von schwul, lesbisch, »straight« über bi-schwul, lesbisch-bi bis hin zu ambi-, multi-, poli-, nonsexuell.[18] Feinsinniger besingt der Filmemacher Derek Jarman die Komplexität sexueller Verhältnisse: »Ich bin eine männliche... Tunte..., ein perverser Heterodämon; ich bin ein schwanzlutschender, ›straight‹ sich verhaltender lesbischer Mann; ich bin ein Nicht-Schwuler.«[19]

Am radikalsten und schönsten hat der ungarische Schriftsteller Péter Nádas die Utopie einer vom Geschlecht befreiten Liebe formuliert. Er will sich nicht einreden lassen, »*daß ich die Augen noch so sehr aufreißen kann und doch nur Frauen und Männer sehe*«. Ein »*solches Denken kann nicht anders, als sich an die alleroffenkundigsten physischen Gegebenheiten zu halten und Normen für die Liebeslust und Liebeshandlung an den Sexus, das Geschlecht zu binden. Für die menschliche Gattung als ganzes gesehen sind die Folgen verheerend. Denn wenn ich Normen für Liebeslust und Liebesakt an die sich im Sexus manifestierenden Gegebenheiten binde, dann habe ich darauf verzichtet, von der Seele überhaupt erst zu sprechen.*«[20]

Nachbemerkung

Wie sein Vorläufer »Das große Der Die Das« (1986) ist auch dieses Buch aus Vorlesungen hervorgegangen, die ich an der Universität Hamburg für Studentinnen und Studenten aller Fachbereiche gehalten habe, und zwar im Sommersemester 1995.

Darüber, daß diese Texte im Ingrid Klein Verlag erscheinen, freue ich mich ganz besonders. Ich kenne Ingrid Klein aus unerbittlich streitlustigen Debatten in jenen Jahren, in denen sie als verantwortliche Redakteurin »Sexualität Konkret« besorgte – dieses von Hermann L. Gremliza und Volkmar Sigusch edierte Forum, das die sich kritisch nennenden Sexualwissenschaftler / innen dazu verleitete, von ihrem Elfenbeinturm herabzusteigen, hin und wieder. Im Klein Verlag haben sich viele dieser Autoren und Autorinnen wieder zu Wort gemeldet und die Tradition von »Sexualität Konkret« auf eine zeitgemäße Weise fortgesetzt. Der Zusammenarbeit an diesem Buch haben wir sicher beide gespannt und mit einem Hauch Bangigkeit entgegengesehen, eingedenk der schönen alten Sträuße, die wir ausgefochten haben. Wir haben es geschafft, ziviler als früher, und das ist auch ein bißchen schade.

Die ersten beiden Kapitel sind eine erweiterte und überarbeitete Fassung meines Aufsatzes »Emanzipation und der Wandel heterosexueller Beziehungen«, der in dem von Sonja Düring und Margret Hauch herausgegebenen Buch »Heterosexuelle Verhältnisse« (Enke, Stuttgart 1995) erschienen ist. Kapitel 7 ist ein überarbeiteter Ausschnitt aus meinem Beitrag »Paartherapie bei sexuellen Funktionsstörungen« für das von Volkmar Sigusch herausgegebene Buch »Sexuelle Störungen und ihre Behandlung« (Thieme, Stuttgart 1996).

Ganz herzlich danke ich Elke Fürhoff und Marianne Tode für ihre große Hilfe bei der Fertigstellung des Manuskriptes.

Frühjahr 1996   Gunter Schmidt

Anmerkungen

Kapitel 1

1 Milan Kundera. Die unerträgliche Leichtigkeit des Seins. Fischer, Frankfurt a. M. 1987; S. 84

2 Jeffrey Weeks. Sexuality, subversion, and citizenship. Vortrag, 20th Annual Meeting, International Academy of Sex Research, 28. 6. –2. 7. 1994, in Edinburgh

3 Constanze Ohms. Mehr als ein Herz gebrochen. Gewalt in lesbischen Beziehungen. Orlanda, Berlin 1993

4 Paul Okami. »Child perpetrators of sexual abuse«: The emergence of a problematic deviant category. Journal of Sex Research 29, 109–130, 1992

5 Vgl. dazu Adele M. Stan (Hg.). Debating sexual correctness. Delta, New York 1995; S. XXI und S. 287; sowie Kathrin Meier-Rust. Bevor du ihr die Hand aufs Knie legst, mußt du fragen. Die Weltwoche, Zürich, Nr. 44, vom 4. November 1993; S. 3

6 Volkmar Sigusch. Kultureller Wandel der Sexualität. In: ders. (Hg.). Sexuelle Störungen und ihre Behandlung. Thieme, Stuttgart 1996 (im Druck)

7 Jeffrey Weeks. Sexualität, Subversion und Bürgerpartizipation. Zeitschrift für Sexualforschung 8, 222–240, 1995; 229

8 Rüdiger Lautmann. Die Lust am Kind. Portrait des Pädophilen. Klein Verlag, Hamburg 1994; S. 77 und 92

9 Péter Nádas. Von der himmlischen und irdischen Liebe, Rowohlt, Berlin 1994; S. 185

10 Alice Echols. Die Zähmung des Es. Über feministische Sexualpolitik in den USA. Zeitschrift für Sexualforschung 7, 97–117, 1994 (US-amerikanische Erstpublikation 1984)

11 Anthony Giddens. Modernity and self identity. Self and society in the late modern age. Polity Press, Cambridge 1992; ders. Wandel der Intimität. Sexualität, Liebe und Erotik in modernen Gesellschaften. Fischer, Frankfurt a. M. 1993

12 Anthony Giddens, 1993, a. a. O.; S. 122 und 109

13 An anderer Stelle habe ich den neuen normativen Elan der Sexualforschung am Beispiel der Paartherapie bei sexuellen Störungen dargestellt; vgl. Gunter Schmidt. Die Potenz des Settings. Zeitschrift für Sexualforschung 7, 43–51, 1994

14 Anthony Giddens, 1993, a. a. O.; S. 219

Kapitel 2

1 Carol Tavris und Leonore Tiefer. For better sex, says Dr. Frieda, see »Robert's rules of order«. The New York Times Book Review, October 30, 1994

2 Vgl. Anne M. Johnson, Jane Wadsworth, Kaye Wellings und Julia Field. Sexual attitudes and lifestyles. Blackwell, Oxford 1994; Alfred Spira u. a. Les comportements sexuels en France. La documentation Française, Paris 1993; John O. G. Billy, Koray Tanfer, William R. Grady und Daniel H. Klepinger. The sexual behavior of men in the United States. Family Planning Perspectives 25, 52–60, 1993; Barbara C. Leigh, Mark T. Temple and Karen F. Trocki. The sexual behavior of US adults. American Journal of Public Health 83, 1400–1408, 1993; Edward O. Laumann, John H. Gagnon, Robert T. Michael und Stuart Michaels. The social organization of sexuality. University of Chicago Press, Chicago und London 1994

3 John H. Gagnon. Surveying sex in the United states. Problems, successes and preliminary findings. Vortrag, 20th Annual Meeting, International Acedemy of Sex Research, 28. 6.–2. 7. 1994, in Edinburgh

4 Vgl. Kapitel 7 »Sexuelle Langeweile«

5 Zit. n. Fred Gsteiger. Die Psychologie des Monokinis. Die Zeit, Nr. 32, 4. August 1995

6 Martin Dannecker. Engel des Begehrens. Die Sexualität der Figuren in Hubert Fichtes Werk. In: ders. Das Drama der Sexualität. Athenäum, Frankfurt a. M. 1987; S. 29

7 Günther Anders. Die Antiquiertheit des Menschen. Zweiter Band. Über die Zerstörung des Lebens im Zeitalter der dritten industriellen Revolution. Beck, München 1980; S. 309

8 Wolfgang Hegener. Das Mannequin. Vom sexuellen Subjekt zum geschlechtslosen Selbst. Konkursbuch, Tübingen 1992

9 Patrick Walder. Body und Sex. In: Philipp Anz und Patrick Walder (Hg.). Techno. Bilger, Zürich 1995; S. 200 f

10 Regula Bochsler und Markus Storrer. Talking Techno Heads III. Familie. In: Philipp Anz und Patrick Walder, a. a. O.; S. 212 f

11 Patrick Walder, a. a. O.; S. 202

12 Jean Baudrillard. Von der Verführung. Matthes und Seitz, München 1992; S. 13

13 Anthony Giddens. Wandel der Intimität. Sexualität, Liebe und Erotik in modernen Gesellschaften. Fischer, Frankfurt a. M. 1993

14 Edward O. Laumann u. a., a. a. O.

15 Sabine Mooren. Gesang der Sirenen. Sex am Telefon. Studie über einen jungen Modetrend. Die Zeit, Nr. 47, 18. November 1994

16 Ulla Meinicke. Alles schäumt. LP An. Columbia 1994

17 Volkmar Sigusch. Kultureller Wandel der Sexualität. In: ders. (Hg.).

Sexuelle Störungen und ihre Behandlung. Thieme, Stuttgart 1996 (im Druck)

18 Ulrich Beck und Elisabeth Beck-Gernsheim. Das ganz normale Chaos der Liebe. Suhrkamp, Frankfurt a. M. 1990

19 Vgl. u. a. Angelika Oelschläger und Susanne Schunter-Kleemann. Frauen als Erwerbsarbeiterinnen – Frauen als Familienarbeiterinnen – Frauen, Eltern, Familien als Bezieher sozialer Leistungen. 20 Länderübersichten. In: Susanne Schunter-Kleemann (Hg.). Herrenhaus Europa. Geschlechterverhältnisse im Wohlfahrtsstaat. edition sigma, Berlin 1992

20 Siv Gustafsson. Getrennte Besteuerung und subventionierte Kinderbetreuung. Warum schwedische Frauen häufiger erwerbstätig sind als Frauen in Deutschland, den Niederlanden und den USA. In: Gerd Grözinger, Renate Schubert und Jürgen Backhaus (Hg.). Jenseits von Diskriminierung. Zu den Bedingungen weiblicher Arbeit in Beruf und Familie. Metropolis, Marburg 1993

21 Angelika Oelschläger und Susanne Schunter-Kleemann, a. a. O.

22 Nanny Wermuth. Frauen an Hochschulen. Statistische Daten zu den Karrierechancen. Bock, Bad Honnef 1992

23 Angelika Oelschläger und Susanne Schunter-Kleemann, a. a. O.

24 Elisabeth Beck-Gernsheim. Auf dem Weg in die postfamiliale Familie. Von der Notgemeinschaft zur Wahlverwandtschaft. In: Ulrich Beck und Elisabeth Beck-Gernsheim (Hg.). Riskante Freiheiten. Individualisierung in modernen Gesellschaften. Suhrkamp, Frankfurt a. M. 1994

25 Renate Schubert. Ökonomische Diskriminierung von Frauen. Eine volkswirtschaftliche Verschwendung. Fischer, Frankfurt a. M. 1993

26 Sonja Düring. Welche Funktionen hat der Feminismus in der gegenwärtigen Gesellschaft oder wie wird dieser funktionalisiert? Unveröffentlichtes Manuskript, Hamburg 1993

27 Notburga Ott. Die Rationalität innerfamiliärer Entscheidungen als Beitrag zur Diskriminierung weiblicher Arbeit. In: Gerd Grözinger, Renate Schubert und Jürgen Backhaus (Hg.). a. a. O.

28 Vgl. u. a. Karin Klees. Partnerschaftliche Familien. Arbeitsteilung, Macht und Sexualität in Paarbeziehungen. Juventa, München 1992; Beth Ann Shelton. Women, men and time. Gender differences in paid work, house work and leisure. Greenwood Press, Westport und London 1992

29 Cas Wouters. Duerr und Elias. Scham und Gewalt in Zivilisationsprozessen. Zeitschrift für Sexualforschung 7, 203–216, 1994

30 Gunter Schmidt (Hg.). Jugendsexualität. Sozialer Wandel, Gruppenunterschiede, Konfliktfelder. Enke, Stuttgart 1993

31 Eberhard Schorsch. Versuch über Sexualität und Aggression. In: ders. Perversion, Liebe, Gewalt. Enke, Stuttgart 1993

32 Camille Paglia. Die Masken des Begehrens. Byblos, Berlin 1992

33 Stefan Hirschauer. Die soziale Konstruktion der Transsexualität. Suhrkamp, Frankfurt a. M. 1993; S. 351

Kapitel 3

1 The Fugs. Dreams of sexual perfection. LP No more slavery. New Rose, Paris 1986

2 Gunter Schmidt (Hg.). Jugendsexualität. Sozialer Wandel, Gruppenunterschiede, Konfliktfelder. Enke, Stuttgart 1993

3 Richard Sennet. Verfall und Ende des öffentlichen Lebens. Fischer, Frankfurt a. M. 1983

4 Vgl. dazu vor allem: Edward Shorter. Die Geburt der modernen Familie. Rowohlt, Reinbek 1977; Heide Rosenbaum. Formen der Familie. Suhrkamp, Frankfurt a. M. 1981; Reinhard Sieder. Sozialgeschichte der Familie. Suhrkamp, Frankfurt a. M. 1987; Elisabeth Beck-Gernsheim. Auf dem Weg in die postfamiliale Familie. Von der Notgemeinschaft zur Wahlverwandtschaft. In: Ulrich Beck und dies. (Hg.). Riskante Freiheiten. Suhrkamp, Frankfurt a. M. 1994

5 Niklas Luhmann. Liebe als Passion. Suhrkamp, Frankfurt a. M. 1982; S. 96

6 Reinhard Sieder, a. a. O.; S. 133

7 Ulrich Beck und Elisabeth Beck-Gernsheim. Das ganz normale Chaos der Liebe. Suhrkamp, Frankfurt a. M. 1990

8 Michael Lukas Moeller. Die Liebe ist das Kind der Freiheit. Rowohlt, Reinbek 1986; S. 54

9 Jessica Benjamin. Die Fesseln der Liebe. Psychoanalyse, Feminismus und das Problem der Macht. Stroemfeld/Roter Stern, Frankfurt a. M. 1990

10 Dorothy Dinnerstein. Das Arrangement der Geschlechter. Deutsche Verlagsanstalt, Stuttgart 1979; vgl. auch: Nancy Chodorow. Das Erbe der Mütter. Psychologie und Soziologie der Geschlechter. Frauenoffensive, München 1985, sowie Jessica Benjamin, a. a. O.

11 Elisabeth Beck-Gernsheim, a. a. O.; S. 121

12 Theodor van de Velde. Die vollkommene Ehe. Studie über ihre Physiologie und Technik. Müller, Rüschlikon 1926; vgl. auch ders. Die Erotik in der Ehe. Montana, Stuttgart 1928

13 Karin Lützen. Was das Herz begehrt. Liebe und Freundschaft zwischen Frauen. Kabel, Hamburg 1990; S. 205

14 Johannes Heinrich Schultz. Geschlecht, Liebe, Ehe. Die Grundtatsachen des Liebes- und Geschlechtslebens für Einzel- und Volksdasein. Reinhardt, München 1943; S. 146

15 Philippe Ariès. Liebe in der Ehe. In: ders. und André Béjin (Hg.). Die

Masken des Begehrens und die Metamorphosen der Sinnlichkeit. Fischer, Frankfurt a. M. 1984

16 Zygmunt Bauman. Postmoderne Ethik. Hamburger Edition, Hamburg 1995; S. 163

17 Ulrich Beck und Elisabeth Beck-Gernsheim, a. a. O.; Elisabeth Beck-Gernsheim, a. a. O.

Kapitel 4

1 Helmut Dahmer. Sexualökonomie heute. In: ders. Pseudonatur und Kritik. Freud, Marx und die Gegenwart. Suhrkamp, Frankfurt a. M. 1994; S. 201

2 Günther Anders. Die Antiquiertheit des Menschen. Zweiter Band. Über die Zerstörung des Lebens in der dritten industriellen Revolution. Beck, München 1980; S. 392

3 André Gorz. Kritik der ökonomischen Vernunft. Rotbuch, Berlin 1989; S. 156 ff

4 Zygmunt Bauman. Philosophie der Fitness. die tageszeitung (taz), 25.–26. 3. 1995

5 André Gorz, a. a. O.

6 ebd.

7 Günther Anders, a. a. O.

8 Zygmunt Bauman, a. a. O.; ders. Tod, Unsterblichkeit und andere Lebensstrategien. Fischer, Frankfurt a. M. 1994; S. 289

9 Günther Anders, a. a. O.

10 Gunter Schmidt (Hg.). Jugendsexualität. Sozialer Wandel, Gruppenunterschiede, Konfliktfelder. Enke, Stuttgart 1993

11 Vgl. Gunter Schmidt. Motivationale Grundlagen sexuellen Verhaltens. In: Hans Thomä (Hg.). Psychologie der Motive. Band 2 der Serie Motivation und Emotion der Enzyklopädie der Psychologie. Hogrefe, Göttingen 1983. Zur Kritik vgl. Volkmar Sigusch. Lob des Triebes. In: ders. Vom Trieb und von der Liebe. Campus, Frankfurt a. M. 1984

12 Zygmunt Bauman, 1995, a. a. O.

13 Günther Anders. Lieben gestern. Notizen zur Geschichte des Fühlens. Beck, München 1986; S. 115

14 Aldous Huxley. Wiedersehen mit der Schönen Neuen Welt. Piper, München 1987; S. 33

15 Herbert Marcuse. Triebstruktur und Gesellschaft. Suhrkamp, Frankfurt a. M. 1969 (US-amerikanische Erstpublikation 1955)

16 Günther Anders, 1980, a. a. O.; S. 179

17 Helmut Dahmer, a. a. O.

18 Jean Baudrillard. Transparenz des Bösen. Ein Essay über extreme Phänomene. Merve, Berlin 1992; S. 30

19 Zygmunt Bauman. Ansichten der Postmoderne. Argument Verlag, Hamburg 1995; S. 230

Kapitel 5

1 Volkmar Sigusch. Die Mystifikation des Sexuellen. Campus, Frankfurt a. M. 1984; S. 103
2 Harold Brodkey. Profane Freundschaft. Rowohlt, Reinbek 1994; S. 362
3 Hermann Nunberg und Erich Federn. Protokolle der Wiener Psychoanalytischen Vereinigung. Band II, 1908–1910. Fischer, Frankfurt a. M. 1977; S. 519
4 Eberhard Schorsch. Bausteine einer Theorie der Liebe. In: ders. Perversion, Liebe, Gewalt. Enke, Stuttgart 1993; S. 104
5 Michael Lukas Moeller. Die Liebe ist das Kind der Freiheit. Rowohlt, Reinbek 1986; S. 45
6 Hans Giese. Zur Psychopathologie der Sexualität. Enke, Stuttgart 1973
7 Michael Lukas Moeller, a. a. O.; S. 100

Kapitel 6

1 Die persönlichen Daten wurden zur Anonymisierung des Protagonisten verändert
2 Fritz Morgenthaler. Homosexualität, Heterosexualität, Perversion. Campus, Frankfurt a. M. 1994
3 Robert J. Stoller. Perversion. The erotic form of hatred. Pantheon, New York 1975; S. 107 (Deutsche Ausgabe: Perversion. Die erotische Form von Haß. Rowohlt, Reinbek 1979 a)
4 Robert J. Stoller, 1979 a, a. a. O.
5 Vgl. Marina Knopf. Sexuelle Kontakte zwischen Frauen und Kindern. Überlegungen zu einem nicht realisierbaren Forschungsprojekt. Zeitschrift für Sexualforschung 6, 23–35, 1993
6 Louise J. Kaplan. Weibliche Perversionen. Von befleckter Unschuld und verweigerter Unterwerfung. Hoffmann und Campe, Hamburg 1991
7 Robert J. Stoller. Sexual excitement. Dynamics of erotic life. Pantheon, New York 1979 b; Kap. 1
8 Robert J. Stoller, 1979 b, a. a. O.
9 Robert J. Stoller, 1979 a, a. a. O.; S. 153
10 Robert J. Stoller, 1979 b, a. a. O.; S. 31

11 Eberhard Schorsch. Die Stellung der Sexualität in der psychischen Organisation des Menschen. In: ders. Perversion, Liebe, Gewalt. Enke, Stuttgart 1993; S. 40

Kapitel 7

1 David Schnarch. Constructing the sexual crucible. An integration of sexual and marital therapy. Norton, New York 1991
2 Margret Hauch. Meine Lust, deine Lust, keine Lust. Überlegungen zu Lust und Sexualität im Kontext geschlechtsspezifischer »Arbeitsteilung«. In: Pro Familia (Hg.). Fachtagung »Zwischen Lust und Technik: UnSicherheiten mit dem Sexuellen«, vom 26.–28. November 1992. Frankfurt a. M. 1992 (hektographiert); dies. Gewalt in der Liebe. Erfahrungen mit geschlechtsspezifischer Akzentuierung von Gewaltstrukturen in der Beratung und Behandlung heterosexueller Paare. Zeitschrift für Sexualforschung 7, 131–141, 1994
3 Margret Hauch, 1992, a. a. O.; S. 45
4 Jean Baudrillard. Von der Verführung. Matthes und Seitz, München 1992; S. 13
5 André Glucksmann. Der Stachel der Liebe. Ethik im Zeitalter von Aids. Artemis und Winkler, München 1995; S. 26
6 Jessica Benjamin. »Sympathy for the Devil«. Einige Bemerkungen zu Sexualität, Aggression und Pornographie. In: dies. Phantasie und Geschlecht. Stroemfeld / Nexus, Frankfurt a. M. 1993; S. 143
7 Katie Roiphe. The morning after. Sex, fear, and feminism on campus. Little Brown, Boston und London 1993; S. 60
8 Eberhard Schorsch. Bausteine einer Theorie der Liebe. In: ders., Perversion, Liebe, Gewalt. Enke, Stuttgart 1993; S. 104

Kapitel 8

1 Andrea Dworkin. Pornography. Men possessing women. Perigee, New York 1981; S. 202
2 Jean Baudrillard. Von der Verführung. Matthes und Seitz, München 1992; S. 53 ff
3 Jean Baudrillard, a. a. O.; S. 49
4 Susan Sontag. Die pornographische Phantasie. In: dies. Kunst und Antikunst. 24 literarische Analysen. Fischer, Frankfurt a. M. 1982
5 Susan Sontag, a. a. O.; S. 81
6 Steven Marcus. Umkehrung der Moral. Sexualität und Pornographie im viktorianischen England. Suhrkamp, Frankfurt a. M. 1979
7 Adrienne Göhler und Margret Hauch. Der Porno im eigenen Kopf.

Bruchstücke eines Unbehagens. In: Claudia Gehrke (Hg.). Frauen und Pornographie. konkursbuch, Tübingen o. J.; S. 107

8 Bernd Nitzschke. Sexuelle Machtphantasien bei Männern. In: ders. Die Liebe als Duell. Rowohlt, Reinbek 1991; S. 156

9 Jean Baudrillard, a. a. O.; S. 51 und 54

10 Claudia Gehrke. Frauen und Pornographie. In: dies. (Hg.). a. a. O.; S. 22

11 Eberhard Schorsch. Höchstrichterliche Männerphantasien. In: ders. Perversion, Liebe, Gewalt. Enke, Stuttgart 1993; S. 70

12 Jessica Benjamin. »Sympathy for the Devil«. Einige Bemerkungen zu Sexualität, Aggression und Pornographie. In: dies. Phantasie und Geschlecht. Stroemfeld/Nexus, Frankfurt a. M. 1993

13 Jessica Benjamin, a. a. O.; S. 141

14 Vgl. u. a. Volkmar Sigusch und Gunter Schmidt. Experimentelle Untersuchungen über die Wirkungen psychosexueller Stimuli. Nervenarzt 43, 367–376, 1972

15 Andrea Dworkin. Eis und Feuer. Klein Verlag, Hamburg 1991; S. 15 ff

16 Bernd Nitzschke, a. a. O.; S. 153

17 Jutta Brückner. Sexualität als Arbeit im Pornofilm. Das Argument 141, 25. Jg., 674–684, 1983; S. 675

18 Eva S. Poluda-Korte. Ein kreatives Potential. In: Claudia Gehrke (Hg.). a. a. O.; S. 58

19 Cora Stephan. Heim zu Mama? Eine Polemik. In: Claudia Gehrke (Hg.). a. a. O.; S. 65

20 Susan Sontag, a. a. O.; S. 71 f

Kapitel 9

1 Vgl. Frankfurter Rundschau, 25. Februar 1994

2 Michael-Sebastian Honig. Sexuelle Ausbeutung von Kindern. Stand und Perspektiven der Forschung. In: ders. Verhäuslichte Gewalt. Suhrkamp, Frankfurt a. M. 1992

3 Katharina Rutschky. Erregte Aufklärung. Kindesmißbrauch: Fakten und Fiktionen. Klein Verlag, Hamburg 1992; S. 40

4 Zur Kritik vgl. Paul Okami. »Child perpetrators of sexual abuse«: The emergence of a problematic deviant category. The Journal of Sex Research 29, 109–130, 1992

5 Gerhard Amendt. Wie Mütter ihre Söhne sehen. Ikarus, Bremen 1993

6 Hertha Richter-Appelt. Sexuelle Traumatisierungen und körperliche Mißhandlungen in der Kindheit. Geschlechtsspezifische Aspekte. In: Sonja Düring und Margret Hauch (Hg.). Heterosexuelle Verhältnisse. Enke, Stuttgart 1995

7 Vgl. Susanne Mayer. Zeuge ohne Wert. Die Zeit, 26. Mai 1995

8 Gisela Friedrichsen und Gerhard Mauz. Kot mit Ketchup. Der Spiegel, Nr. 39, 1993

9 Sigmund Freud. Zur Ätiologie der Hysterie (1896). Studienausgabe, Band VI. Fischer, Frankfurt a. M. 1971; S. 64

10 Sigmund Freud. Meine Ansichten über die Rolle der Sexualität in der Ätiologie der Neurosen (1906). Studienausgabe, Band V. Fischer, Frankfurt a. M. 1972; S. 152

11 Alice Miller. Das Drama des begabten Kindes. Suhrkamp, Frankfurt a. M. 1979; Jeffrey M. Masson. Was hat man dir, du armes Kind, getan? Rowohlt, Reinbek 1984

12 Günther Anders. Lieben gestern. Notizen zur Geschichte des Fühlens. Beck, München 1986; S. 86

13 Frigga Haug. Zur Einführung. Versuch einer Rekonstruktion der gesellschaftstheoretischen Dimensionen der Mißbrauchsdebatte. In: Klaus Holzkamp (Hg.). Sexueller Mißbrauch: Widersprüche eines öffentlichen Skandals. Forum Kritische Psychologie, Heft 33. Argument-Verlag, Hamburg 1994; S. 14

14 Robert Hughes. Nachrichten aus dem Jammertal. Kindler, München 1994; S. 19

15 Kommune 2 (Christel Bookhagen, Eike Hemmer, Jan Raspe und Eberhard Schultz). Kindererziehung in der Kommune. In: Hans Magnus Enzensberger (Hg.). Frau, Familie, Gesellschaft. Kursbuch 17. Suhrkamp, Frankfurt a. M. 1969; S. 165

16 Gunter Schmidt (Hg.). Jugendsexualität. Sozialer Wandel, Gruppenunterschiede, Konfliktfelder. Enke, Stuttgart 1993

17 William Simon. Devianz als Geschichte: Die Zukunft der Perversion. Zeitschrift für Sexualforschung 8, 101–121, 1995; S. 113

18 Vgl. Die Zeit, 1. Juli 1995

19 Péter Nádas. Von der himmlischen und von der irdischen Liebe. Rowohlt, Berlin 1994; S. 197

Kapitel 10

1 »Boulevard Bio«, ARD, 1. Programm, 20. Oktober 1993

2 Zum Begriff »Monosexualität« vgl. John Money. Homosexuell, bisexuell, heterosexuell. Zum psychoendokrinologischen Forschungsstand. Zeitschrift für Sexualforschung 1, 123–131, 1988

3 Vgl. dazu auch John P. DeCecco. Splash und Clash in Amsterdam. Essentialismus vs. Konstruktivismus und zwei Kongresse über Homosexualität. Zeitschrift für Sexualforschung 1, 146–153, 1988; sowie Rüdiger Lautmann. Konstruktionismus und Sexualwissenschaft. Zeitschrift für Sexualforschung 5, 219–244, 1992

4 John Money, a. a. O.; S. 129 f

5 Michel Foucault. Sexualität und Wahrheit. Erster Band. Der Wille zum Wissen. Suhrkamp, Frankfurt a. M. 1977; S. 58

6 Für neuere Entwicklungen in der »Bewegung« vgl. Jeffrey Weeks. Sexualität, Subversion und Bürgerpartizipation. Zeitschrift für Sexualforschung 8, 222–240, 1995

7 Michel Foucault, a. a. O.; S. 123

8 John P. DeCecco, pers. Mitteilung

9 William Simon. Devianz als Geschichte. Die Zukunft der Perversionen. Zeitschrift für Sexualforschung 8, 101–121, 1995; S. 117

10 John Boswell. Christianity, social tolerance, and homosexuality. Gay people in Western Europe from the beginning of the Christian era to the Fourteenth Century. The University of Chicago Press, Chicago 1980

11 Sonja Düring. Über sequentielle Homo- und Heterosexualität. Zeitschrift für Sexualforschung 7, 193–202, 1994

12 Sonja Düring. Wilde und andere Mädchen. Die Pubertät. Kore, Freiburg i. Br. 1993

13 Adrienne Rich. Zwangsheterosexualität und lesbische Existenz. In: Dagmar Schultz (Hg.). Macht und Sinnlichkeit. Ausgewählte Texte von Audre Lorde und Adrienne Rich. Orlanda Frauenverlag, Berlin 1983; S. 164

14 Celia Kitzinger und Sue Wilkinson. Theorizing heterosexuality. In: Sue Wilkinson und Celia Kitzinger (eds.). Heterosexuality. A feminism and psychology reader. Sage, London 1993; S. 21

15 Randall L. Sell, James A. Wells und David Wypig. The prevalence of homosexual behavior and attraction in the United States, the United Kingdom and France. Archives of Sexual Behavior 24, 235–248, 1995

16 Zygmunt Bauman. Philosophie der Fitness. die tageszeitung, 25. / 26. März 1995; S. 19

17 Zur Übersicht und Kritik vgl. John P. DeCecco und David Allen Parker (eds.). Sex, cells, and same sex desire. The biology of sexual preference. Haworth Press, New York 1995

18 Paula C. Rust. Bisexual experiences, identities, and politics. Vortrag, 21st Annual Meeting, International Academy of Sex Research, 20.–24. 9. 1995, in Provincetown, USA

19 Derek Jarman. Blue. Text of a film by Derek Jarman. Overlook Press, Woodstock N. Y. 1994; S. 19f; zit. n. J. Edgar Bauer. Kunst in Zeiten von Aids. Zu Derek Jarmans Film »Blue«. Zeitschrift für Sexualforschung 9, Heft 1, 1996

20 Péter Nádas. Von der himmlischen und von der irdischen Liebe. Rowohlt, Berlin 1994; S. 195 und 190

INGRID **KLEIN** VERLAG

Elizabeth Loftus
Katherine Ketcham
Die therapierte Erinnerung
*Vom Mythos der Verdrängung bei
Anklagen wegen sexuellen Mißbrauchs*
ISBN 3-89521-028-5

Die Autorinnen entlarven die jüngste Welle von Anklagen
wegen sexuellen Mißbrauchs als eine Zwanzigste-Jahrhun-
dert-Version von Hexenprozessen. Familien werden ausein-
andergerissen, Menschen ins Gefängnis gesteckt – und
alles wegen eines neumodischen psychologischen Phäno-
mens: der wiedererlangten Erinnerung.
*»Die Lektüre dieses Buches lohnt sich. Wir erfahren nicht
nur aus erster Hand wichtige und allgemein verständlich
beschriebene Resultate der Gedächtnisforschung, sondern
sehen auch, wie diese Erkenntnisse auf die Realität Einfluß
nehmen.« Psychologie Heute*

INGRID **KLEIN** VERLAG

Linda Tschirhart Sanford /
Mary Ellen Donovan
Frauen und Selbstachtung
Ich bin ich
und ich bin o.k.
ISBN 3-89521-019-6

Nach wie vor leiden viele Frauen in bedrückender Weise
unter einem zu geringen Selbstwertgefühl. Sie fühlen sich
unsicher, unzulänglich, nichts wert, häßlich, zu dick, zu
dünn, zu groß, zu klein, haben Probleme mit ihrer
Sexualität, mit ihrem Partner, ihrem Beruf, ihren Kindern,
fühlen sich talentlos, glücklos, erfolglos, kurz: ihre Selbstachtung ist außerordentlich unterentwickelt. Diese welt-
weit einzige Untersuchung dazu von den beiden amerika-
nischen Autorinnen untersucht engagiert und einfühlsam,
woraus die negative Selbsteinschätzung resultiert, und
wie sie sich verfestigt. Außerdem bietet sie konkrete Hilfe
in Form von schrittweise nachvollziehbaren Übungen.
»Eines der seltenen Selbsthilfebücher, die innere und
äußere Veränderungen zu revolutionärer Umwälzung
verbinden.« Gloria Steinem

INGRID **KLEIN** VERLAG

Annette Garbrecht (Hg.)
Wer vor mir liegt ist ungewiß
Frauen und Sexualität ab vierzig
ISBN 3-89521-018-8

Zwanzig Autorinnen schreiben über etwas, was zum
Beispiel in deutschen TV-Serien gar nicht vorkommt: über
weibliche Sexualität. Ganz besonders das Bild der
weiblichen Sexualität ab vierzig changiert in extremen
Farbgebungen. Die aktuellste Variante ist der
»Jetzt-wird's-erst-richtig-schön«-Anstrich, ist die selbstbewußte Powerfrau, rundum aktiv und multipel, die ihre
sexuelle Begierde just in diesem Alter entdeckt und aus-
lebt. Jenseits dieser neuen Mythenbildung konterkarieren
die Autorinnen gängige Klischees.
*»Zeigt denn das Deutsche Fernsehen die Frau über
vierzig (was ja auch die Frau von fünfzig, sechzig, siebzig
ist) jemals beim Orgasmus oder auch nur erregt mit der
Hand am Mann?« Elke Heidenreich*

INGRID KLEIN VERLAG

Christiane Peitz
Marilyns starke Schwestern
*Frauenbilder im
Gegenwartskino*
ISBN 3-89521-024-2

»Harry und Sally« ist genauso eine Schmonzette wie
»Schlaflos in Seattle«, aber immerhin gibt es Meg Ryans
simulierten Orgasmus, der mehr über den Geschlechterkampf und das Hollywood-Tabu Sexualität besagt als
ganze Studien über Emanzipation oder Zensur. Und
manchmal genügen wenige Sekunden. Wenn Whoopy
Goldberg als Detective in Robert Altmans »The Player«
beim Verhör mit einem Tampon herumfuchtelt, irritiert
sie den Verdächtigen damit mehr als mit Fangfragen.
Das Detail hat sie sich selbst ausgedacht.
*»Christiane Peitz ist eine der bekanntesten deutschen
Filmjournalistinnen – und eine der besten. Jetzt hat sie
ihr erstes Buch geschrieben.« Cosmopolitan*